part de l'auteur

DES ASSEMBLÉES

REPRÉSENTATIVES.

DES ASSEMBLÉES REPRÉSENTATIVES,

PAR L'AUTEUR

DES CONSIDÉRATIONS SUR UNE ANNÉE DE L'HISTOIRE DE FRANCE.

A PARIS,

L. G. MICHAUD, IMPRIMEUR-LIBRAIRE,

RUE DES BONS-ENFANTS, N°. 34.

M. DCCC. XVI.

DES ASSEMBLÉES REPRÉSENTATIVES.

AVANT-PROPOS.

Nous nous proposons de traiter une question qui occupe tous les esprits, qui n'a été ni ne sera peut-être résolue, et dont la solution intéresse le sort d'un empire.

Nous ne considérerons cependant pas cette question dans son application à tel ou tel peuple, mais dans son principe général, et nous ne nous écarterons de cette règle que dans le dernier chapitre de cet ouvrage, qui contiendra l'application de nos idées à la première session de la chambre des députés de France.

Cette forme de discussion moins spéciale, et qui peut convenir à tout peuple appelé à vivre sous le gouvernement représentatif, nous a paru propre à conserver le calme que demande une discussion et l'impartialité (s'il y a lieu à impartialité) que de grands intérêts commandent, à écarter les personnalités et à éviter d'être taxé d'esprit de parti par les hommes de parti.

Nous écrivons donc comme si nous nous trouvions dans la situation de Rousseau et de Mably, et comme pour une nation qui aurait des lois à se donner et s'y préparerait par des observations sur les peuples voisins.

Ces rapprochements nécessaires nous conduiront par force à chercher souvent des comparaisons en France et des exemples en Angleterre.

Comme nous écrivons pour un peuple nouveau, on nous pardonnera peut-être plus facilement de présenter quelques hypothèses nouvelles, c'est-à-dire qui n'ont pas encore atteint une vieillesse de vingt-cinq années; car, aux yeux de bien des gens, les idées de vieillesse et de stabilité ne remontent pas au-delà de ce terme. C'est cette période qu'on appelle le vieux temps, le long usage ; c'est à elle qu'on ajuste tous les adages conservateurs des institutions antiques. L'an 1789 est le berceau du monde, et les idées préexistantes étant censées ensevelies dans le naufrage général, on les juge créées quand elles ne sont que rappelées (1).

Nous ne nous dissimulons donc pas que quelques unes de ces idées pourront paraître étranges (notre vanité a fait *étrange* ou *étranger* synonyme de *bizarre*). De ce nombre seront peut-être celles que nous hasarderons sur la durée et la stabilité des corps électoraux, sur celle des assemblées représentatives, sur le lieu de leur séjour, etc. La précaution que nous prenons de les indiquer ici prouve assez à elle seule la timidité qu'on éprouve quand on représente aujourd'hui les vérités d'une génération devant une autre.

L'auteur qui en parle se présente donc la corde au cou, comme dans la république

---

(1) Paradoxe de la même famille et lié à la même cause que celui par lequel on prétendrait *appeler* un Roi légitime, au lieu de le *rappeler*.

de Zaleucus, et toutefois avec une condition plus dure, puisque là on était condamné pour une idée neuve, et qu'on l'est ici pour une idée vieillie.

Nous nous érigerons cependant le moins que nous pourrons en faiseurs de plans, et nous dirons plus souvent ce qui est mal que ce qui serait bien, et ce qui manque que ce qu'il faut faire. Il est des esprits positifs dans le détail qui n'approuveront pas cette réserve; car, par un sentiment naturel, on est enclin à blâmer celui qui défait sans refaire. L'homme a horreur du vide. Nous pourrions facilement les satisfaire aux dépens de notre amour-propre; appliquer, préciser, constater comme un autre, et nous laver, un volume à la main, du reproche d'idéologie : mais, à conseiller et créer sans titre, il faut un grand talent ou une ridicule confiance. La critique, au contraire, est du ressort de tous; il y suffit d'un sens droit, et, comme elle est *aisée*, on peut l'appliquer juste et l'exercer sans orgueil.

Ceci nous servira d'excuse auprès de ceux

qui, tout occupés de l'intérêt présent, prendront d'abord ce livre pour un ouvrage de circonstance, et, pleins de l'ardeur qu'on met aux choses du moment, se trouveraient désappointés en ne trouvant qu'un cadre étendu et des questions générales où ils cherchaient des faits, des noms, des plans et des narrations.

Nous leur proposerons donc un arrangement qui nous préservera, eux d'être trompés dans leur attente, et nous d'être blâmés dans notre entreprise; c'est qu'au lieu de regarder ceci comme un livre de circonstance où on les fatigue par des considérations générales, ils veulent bien le recevoir comme un livre de questions générales où on les intéresse par des applications de circonstance.

Nous dirons un mot du titre de cet Ouvrage.

Il n'est peut-être pas d'un bon augure de commencer un livre français par une faute de français. Le titre de celui-ci, nous devons l'avouer, ne nous paraît pas grammaticalement exact. Un *gouvernement représentatif* se compose d'*assemblées représentantes* ou *qui représentent* ; mais des assemblées ne peuvent se dire *représentatives* que pour céder à l'usage et aussi à l'indigence de notre langue politique ; chose surprenante en effet, et dont les inductions pourraient mener loin, que là où les idées ont été tant discutées, les mots soient encore vagues et le terme propre manque à l'expression. On pourrait, dira-t-on, s'en tirer par le mot de *parlements* ; mais les parlements, dans l'acception moderne, impliquent l'ensemble de plusieurs pouvoirs dont nous ne voulons considérer qu'une partie, et nous ne prétendons l'employer qu'en parlant de la réunion de ces pouvoirs. On pourrait aussi faire usage du terme *chambres*, et ce dernier serait exact ; mais, d'un autre côté, il serait plus local et moins générique que notre sujet ne le comporte. Ainsi, dans l'embarras du choix, nous avons cru devoir nous permettre une faute de grammaire plutôt qu'une faute de bon sens.

Nous nous étions promis de développer dans un corollaire les principes énoncés dans nos *Considérations sur une année de l'Histoire de France*. Nous avions fait, il faut l'avouer encore, comme ces gens qui prennent date et retiennent leurs places, et je ne sais quelle témérité d'espoir, plus honorable à ceux qui l'inspiraient qu'à notre propre jugement, nous fit craindre que beaucoup de bonnes choses ne vinssent à être faites avant que d'être dites. L'expérience eût du nous apprendre, et peut-être nous apprendra-t-elle encore, qu'on dit longtemps les bonnes choses avant qu'elles se fassent et plus souvent sans qu'elles se fassent.

Dans la confiance que la carrière restera long-temps ouverte aux apôtres du bien public, nous avons donc suspendu notre travail pour nous livrer à l'examen de quelques questions d'un intérêt plus prochain. L'opinion des gens de bien, convergeant au même terme, semble s'être partagée sur les voies. Là où le but diffère, la discussion est sans motifs : la question est alors du bien au mal, du patriotisme à l'intérêt personnel : le combat ne s'engage pas de si loin. Il y a vice d'une part, vertu de l'autre, conséquence partout ; la dispute est donc inutile. Mais là où de part et d'autre il y a foi et conscience, puisqu'on va au même but, si on diffère sur la route, il y a erreur quelque part : alors la discussion est utile et loyale ; il est juste de chercher à fixer ses idées, et on doit s'efforcer d'éclairer les autres ou soi-même.

Nous nous livrerons à cette discussion, peut-être sans talents, mais non sans conscience. Nous avouons que plusieurs choses s'y trouveront peut-être hors de leur juste saison, les événements marchant souvent plus vite que la plume. Quelques longueurs, quelques répétitions pourront encore s'y rencontrer : nous demandons grâce pour elles ; l'abstrait a besoin d'être présenté sous plus d'une forme ; le vrai demande à être redit, et quand on discute un grand principe le même axiome sert à plus d'un raisonnement.

Nous finirons par une légère esquisse du plan de cet Ouvrage.

Nous y examinerons d'abord en quels cas le système représentatif convient à une monarchie.

Nous traiterons ensuite des principes qui doivent concourir à former la représentation, et subsidiairement de ceux qui doivent la diriger.

Nous entrerons après dans l'examen des points les plus importants à considérer dans la marche de la représentation, et plus particulièrement dans celle d'une chambre des communes, tant en elle-même que dans ses rapports à l'extérieur, tels que les influences qui agissent sur elle, les divisions qui la troublent, la force du grand nombre ou majorité, celle du petit nombre ou minorité, l'opposition; enfin, l'ambition dans les représentants.

Passant de-là à des considérations moins étendues, nous parlerons de l'initiative et de l'amendement, de la parole dans les assemblées; nous descendrons même jusqu'à l'étiquette et aux formes qui méritent rang quelquefois parmi les questions importantes.

Enfin, pour résumer et appliquer nos idées, nous finirons par une notice des travaux de la chambre-basse dans la session de 1815; et, afin de mettre en regard la règle et son application, nous ferons précéder cette notice d'un chapitre sur les devoirs et le but de la représentation.

Nous desirons que l'ordre de notre travail soit facilement conçu, et paraisse simple et régulier. Les lecteurs qui voudraient en prendre une idée plus complète, peuvent consulter la table analytique que nous avons placée à la fin : c'est un résumé très concis, qui peut offrir à quelques uns d'eux le moyen de nous juger sans avoir la peine de nous lire.

CHAPITRE Ier.

En quel cas le système représentatif convient-il à la monarchie?

Nous commencerons par établir, pour que nos bases soient dès l'abord hors de discussion et qu'il fasse jour dans notre ouvrage, qu'entre beaucoup de manières d'envisager la société il en est deux qui sont plus particulièrement relatives à l'objet de nos recherches. La première la considère comme divisée en deux parties, *le gouvernant et les gouvernés*, *le souverain et le peuple.*

La seconde la considère comme divisée en trois pouvoirs dits *monarchique*, *aristocratique* et *démocratique.*

Mais on voit au premier coup-d'œil que cette seconde division n'est que subsidiaire à la première. La société s'y présente, non plus dans sa composition essentielle, mais seulement dans son action législative.

Et si on regarde, d'un côté l'immense place qu'occupe le souverain dans l'état et la puissance active qu'il joint à son droit législatif, de l'autre l'intérêt qu'a le peuple à régler cette puissance et à lui donner l'étendue que sa sûreté requiert et les bornes que sa liberté demande, on reconnaît que la division de l'état en *gouvernant et gouvernés*, en même temps qu'elle est la plus simple est aussi la seule importante, positive et exempte d'abstraction.

Nous placerons donc d'une part le souverain un et indivisible, et de l'autre le peuple divisible à l'infini au gré de toutes les combinaisons politiques.

Du nombre de ces combinaisons sera celle qui le partagera en deux portions, l'aristocratie composée de grands dont chacun représente une masse, et la démocratie composée de masses dont chacune représente un grand. Ceci semble, au premier coup-d'œil, présenter entre ces deux puissances cette égalité arithmétique par laquelle dix mille dix millièmes égalent un, mais ce qui est vrai des chiffres ne l'est point des hommes par la raison éternelle que nulle égalité pratique n'est possible entre eux, et que dix mille parties qu'on peut disjoindre ne valent pas un entier indivisible.

Ces deux puissances réunies par représentation autour du trône et jouissant chacune d'un tiers de la législation, ne seront donc qu'un (la nation représentée) vis-à-vis du souverain, et ne se présenteront comme deux que dans leurs rapports respectifs, s'il n'est plus vrai de dire que dans ces rapports mêmes, elles ne seront encore *qu'un*, quoique doubles devant la loi de l'État; car, pour qu'il n'y ait pas balance, et par suite guerre et triomphe d'une partie, il s'opérera infailliblement une fusion par laquelle le peuple, politiquement partagé dans sa masse, viendra se confondre dans sa représentation, où l'élément le plus fort maîtrisera le plus faible.

Pour appliquer ce raisonnement à la seule monarchie représentative qui puisse jusqu'ici fournir des exemples, nous dirons qu'en Angleterre le souverain jouit d'une part de la législation, et la nation d'une autre; et que celle-ci divise sa part législative en deux pour la forme la plus utile de gouvernement, quoiqu'au fait, et considérée d'en haut, cette part continue d'être une; que le souverain joint à sa part législative le droit d'employer l'argent de la nation; ce qui, à bien l'examiner, renferme à peu près toutes les attributions de l'empire, et que la nation joint à la sienne celui de le refuser ou de l'accorder en en déterminant l'emploi.

Résulte-t-il de-là une balance entre le souverain et le peuple?

Nous n'en avons point trouvé dans les deux

sections du peuple ; nous n'en trouvons pas davantage entre les deux sections de l'État, et c'est ce qui fait qu'il subsiste. Le mot de balance est vague et précaire : on ne balance que du plomb, du grain, des choses inertes. Partout où il y a vie, nulle balance n'est durable ; ou si deux parties restent égales, c'est par la pression d'une force supérieure, ce qui ne montre qu'un maître et deux esclaves. Il n'y a donc pas plus d'égalité dans le gouvernement que dans la nature, et là où elle existerait tout périrait par le trouble jusqu'à ce que le trouble eût créé un maître.

Ainsi il n'existe réellement pas de balance, dans le sens d'*équilibre*, entre le souverain et le peuple anglais. L'Angleterre reconnaît véritablement un maître suprême, une puissance absolue ; et cette puissance, il faut l'avouer, n'est point le Roi, mais la nation, puisqu'elle donne ou refuse librement l'argent ; ou, pour s'accommoder aux divisions reçues, nous dirons que le vrai Roi d'Angleterre est l'aristocratie, et que la démocratie et la monarchie sont également au-dessous d'elle, vérité que nous aurons lieu de développer par la suite. Cette puissance des grands se réduit à un par la chambre des pairs, et la chambre des pairs à un par la majorité. Voilà donc un maître, et la paix subsiste (1).

Ajoutez à cela qu'autour de ces bases se sont formées des colonnes d'opinions qui consolident tout, servent de ciment où il en manque, et complètent l'édifice dans ses points défectueux, opinions qui étaient toutes faites du temps où le trône avait plus de puissance, et qui, quoique bien sobrement monarchiques,

---

(1) C'est une question subsidiaire, et hors de la question présente, d'examiner comment, dans cette aristocratie, il se fait deux parts inégales, dont la plus forte, concentrée en un petit nombre d'hommes, dirige les conseils du Roi; en sorte que, plaçant autour de lui toute la force aristocratique, et la faisant agir sous son nom, elle a l'air de se laisser dérober son empire par le trône, et de lui rendre personnelle une puissance qu'il ne fait qu'emprunter. Mais ce qui n'est pas étranger à notre raisonnement, c'est d'insister sur cet empire exclusif de la chambre des pairs; car un lecteur, qui ne nous saisirait qu'à moitié, pourrait nous dire : — Mais il y aura aussi les communes réduites à un dans la chambre-basse, et la chambre-basse réduite à un par la majorité; ce qui forme deux pouvoirs égaux qui s'équilibrent. — Cette objection nous obligerait de répéter que cela est vrai dans la lettre, mais qu'en remontant au-dessus jusqu'à l'esprit, et descendant au-dessous jusqu'au fait, on trouve qu'il n'y a pas là deux majorités, deux corps; mais un seul en deux personnes, dont l'une est plus forte, non dans la chambre, mais dans la nation, et nomme, remplit, dirige et gouverne l'autre.

elèvent cependant encore le monarque au-dessus de sa valeur positive,...... et vous jugerez quelle foule de modifications et d'exceptions doit intervenir dans un système dont au fond la charpente, dépouillée de tous ses accessoires, est simplement le règne de l'aristocratie.

Nous venons de voir que dans la seule monarchie représentative éprouvée, l'aristocratie est la puissance suprême et en même temps le pivot de la représentation.

Peut-on maintenant supposer ce que serait la représentation là où il n'existerait pas d'aristocratie (1), c'est-à-dire de puissance hypothéquée; non sur papiers, mais sur terres, familles, alliances et distinctions ?

Non, cette hypothèse n'offrirait rien à l'esprit. Que représenterait en effet cette représentation ? le peuple entier, élément vague, éparpillé, individuel, sans caution, sans garantie, et qui ne présente au trône ni appui ni résistance.

Une monarchie représentative ne peut donc subsister sans aristocratie.

---

(1) Puissance du peuple, une ou divisée en deux parts inégales, et réduite, par les combinaisons politiques, à un certain nombre d'hommes ou de corps considérables.

A quel gouvernement peut donc convenir une représentation sans aristocratie?

Nous n'en connaissons qu'un, s'il mérite ce nom, le despotisme.

En effet, la nature du despotisme étant de gouverner sans barrières et sans intermédiaires, en sorte que la puissance tombe d'aplomb du trône sur chaque individu, il est clair qu'une représentation, qui ne représente rien, ne lui offre aucun obstacle, et laisse un cours libre à sa marche accoutumée. Si ce point de vue était le seul à considérer, nous ne pourrions pas dire qu'une telle représentation convient au despotisme, mais seulement qu'elle ne lui nuit pas. Mais voici en quoi elle lui convient, en quoi elle l'aide et le sert.

Plus l'action du despotisme est absolue, plus elle est difficile, car plus elle gouverne directement du trône à l'individu. C'est une compensation naturelle de puissance et de peine. De plus, cet empire est naturellement haï, au moins chez les peuples qui raisonnent, parce qu'il montre à nu l'esclavage d'une part et l'autocratie de l'autre. Il s'ensuit qu'en possédant plus d'eléments de force, il en possède moins de sécurité et de durée.

Quel degré de perfection et de stabilité aurait donc atteint le despote qui, en conservant son empire, en l'étendant même, aurait trouvé un moyen de le dégager de ses deux principes de destruction, la difficulté du gouvernement d'une part, et la haine du peuple de l'autre !

Il aurait atteint ce but, s'il était parvenu à rendre le peuple complice de sa puissance; à lui persuader que c'est lui qui se donne des lois, qui s'impose des contributions, enfin qu'il est libre, et plus encore, qu'il est maître et se gouverne.

Que fera-t-il pour réaliser ce plan ?

Il fera choisir, par ce peuple épars, un petit nombre d'hommes qui seront dits le représenter. Ce petit nombre groupé autour du trône, loin de ses commettants dispersés, sans corps qui l'appuyent, sans caution comme sans responsabilité, sans force enfin personnelle ni étrangère.... Ce petit nombre sera dit *le peuple*, et c'est sur ce docile abrégé que le despote opérera. Dès-lors il ne prendra plus l'impôt, mais le recevra : rien ne sera exigé, tout sera accordé, donné, offert. Le despote, entouré d'un peuple d'autant plus facile à gouverner que sa forme sera moins étendue, osera même beaucoup plus en risquant beaucoup moins. Le peuple enfin cessera de se croire esclave; il se frappera lui-même au nom de la patrie, de l'honneur, de la gloire, de la liberté; il s'accablera de maux et de chaînes, et ne verra, au lieu de la lâcheté qui les souffre, que l'héroïsme qui se les impose.

La représentation nationale sera donc le chef-d'œuvre du despote et la caution de son empire.

Ainsi avons-nous vu les jacobins, qui étaient un esprit et une puissance alors, gouverner le peuple par le peuple représenté, en faisant ordonner par vingt-cinq millions d'hommes, sous la formule de quelques centaines, toutes les tortures qu'il leur plut de leur imposer.

Ainsi avons-nous vu Bonaparte, qui était les jacobins fondus en un seul homme, continuer leur système et gouverner le peuple par lui-même, lui faisant ordonner en son propre nom ses impôts et ses conscriptions.

Dans une monarchie où des circonstances auraient détruit l'aristocratie, si le souverain veut se rendre absolu, il ne la rétablira donc point, et il se donnera un gouvernement représentatif.

Si cette forme est établie par un roi religieux et ami de la liberté, il n'usera qu'avec ménagement de la puissance qu'elle lui confère; mais cette arme n'en aura pas moins été donnée; elle est rangée dans l'arsenal de la couronne, et un nouveau roi peut un jour prouver, en l'en tirant, que la forme représentative n'a pas consacré la liberté, mais l'esclavage du peuple.

Nous irons plus loin encore, et nous supposerons le gouvernement représentatif établi dans une monarchie où l'aristocratie existe : nous excepterons seulement de notre hypothèse cette Angleterre, qui, dispensée par ses remparts naturels de solder une armée pour le trône et contre elle, réunit seule en Europe les données nécessaires pour que l'aristocratie s'y soutienne. Dans tout autre royaume Européen, le peuple ne peut refuser une armée pour la défense du peuple, et par conséquent pour son oppression. Le souverain peut donc balancer, neutraliser, anéantir le poids de l'aristocratie par celui de la puissance armée; et, parlà, il se retrouve aux mêmes termes de despotisme représentatif.

Ces considérations nous conduisent naturellement à jeter un coup-d'œil sur cette impulsion générale, qui porte aujourd'hui les rois de l'Europe vers les nouvelles constitutions et le système représentatif.

On a vu à différentes époques des idées dominantes planer sur les peuples, comme font les grandes épidémies, et, reçues comme adages sur la foi du grand nombre, entraîner sans réflexion, et maîtriser les hommes plus souvent pour leur perte que pour leur avantage. Celle-ci, née à la fin d'un siècle de philosophie, accueillie malgré un terrible exemple du danger de toucher aux lois des empires ; celle-ci, disons-nous, semble particulièrement frappée de ce caractère d'entraînement. En en examinant les causes, le cœur se sent d'abord touché de cette générosité des rois, qui, d'eux-mêmes, remettent à leurs peuples une partie de la puissance, et les appellent à discuter leurs impôts et leurs lois. Mais on voudrait lire dans ces constitutions un article complémentaire, qui seul pourrait leur servir de garantie, le licenciement des armées. Les gouvernements changent, mais les armées subsistent ; et alors une réflexion moins consolante applique à ces nouvelles constitutions les raisonnements que nous venons de faire : on craint que ces législateurs égarés par de nobles illusions, en donnant aux peuples des droits qu'ils ne demandent pas, ne livrent aux rois des armes qu'ils n'avaient pas ; que, sous une forme représentative, ils n'en viennent à concentrer sous chaque sceptre un extrait de nation, absolu sur le peuple, puisqu'il est le peuple lui-même, et plus dépendant du souverain dans la proportion d'une salle à un empire, et d'un régiment qui suffit pour maîtriser cette salle à une armée qu'il faudrait pour subjuguer cet empire.

C'est ainsi que cet exemple anglais, où les imitateurs séparent imprudemment la règle de son application, servira peut-être à appesantir l'esclavage des peuples, et à rendre plus que jamais l'Angleterre l'unique patrie de la liberté. C'est ainsi que les hommes épris des nouvelles théories, vont réellement au despotisme par toutes les voies qu'ils croyent les mener à la liberté ; s'il n'est plus vrai de dire, qu'excepté quelques dupes honnêtes, quelques somnambules de 1789, encore endormis dans leurs rêves, ils sont conséquents, et savent fort bien où ils vont. Il dépendra d'eux d'avoir partout la forme qui livre le peuple ; mais on ne peut avoir qu'en Angleterre le fond qui le protège.

Si malgré toutes ces considérations on voulait courir la chance d'un gouvernement représentatif dans une monarchie exempte des données de l'Angleterre, tous les efforts du législateur devraient tendre à y suppléer en créant dans la nation tous les éléments de durée, de force et d'agglomération dont puisse se composer une aristocratie. Il faudrait même que cette puissance du peuple y fût, s'il est possible, plus solide encore, puisqu'elle trouverait un contre-poids de plus dans l'armée et un appui de moins dans l'opinion. Une telle entreprise demanderait partout des corporations, des solidarités, de puissantes cautions. de grandes responsabilités, enfin tous les moyens qui procurent au gouvernement un grand soutien, et par conséquent lui opposent une grande résistance. Disons le vrai; le Roi abdique la plus grande part de sa couronne; le Roi se donne un Roi le jour qu'il institue un vrai gouvernement représentatif, et on peut douter qu'il soit dans le caractère ni dans l'intérêt des Rois, de former de ces puissantes aristocraties.

Une dernière chose nous reste à considérer, c'est, en supposant un tel gouvernement créé dans un pays où il ne reste rien d'entier, comment se fera, entre deux chambres, la division du pouvoir aristocratique et démocratique. On nous répondra sans hésiter, que l'aristocratie appartiendra en droit à la chambre des pairs. Nous le croyons aussi *en droit;* mais il s'agit ici d'un fait, et comme il n'existerait dans cette chambre aucun de ces antécédents connus en Angleterre, et par lesquels un grand

y est grand ailleurs que sur le ballot de laine; s'il se trouvait que la chambre des pairs, nommée par le Souverain, fût composée en partie de noms sans éclat et de noms illustres, mais pauvres, nous verrions dans cette chambre le nom et le titre, mais aucun attribut de l'aristocratie. Si d'un autre côté il se trouvait que la chambre-basse, nommée par le peuple, présentât la réunion des plus riches propriétaires du royaume, nous y verrions, au contraire, non le nom ni le titre, mais tous les attributs de l'aristocratie; faible aristocratie, sans doute, et bien éloignée de cette puissance qui peut soutenir les empires; mais qui, du moins, en offrirait le principe et l'apparence. Ainsi, la prépondérance serait là où doit être l'infériorité; la puissance de fait serait séparée de la puissance de droit; les rôles seraient changés, et les éléments de la représentation déplacés.

Il y aurait deux remèdes à ce mal; l'un d'agrandir la chambre-haute, ce qui est possible; l'autre d'amoindrir la chambre basse, ce qui l'est moins. Le premier sera offert par les amis de la monarchie, le second par les amis de la révolution. Le premier commencerait le salut de l'État, le second en achèverait la ruine.

CHAPITRE II.

Des principes qui doivent diriger la formation des assemblées représentatives.

Ces principes doivent varier suivant les diverses sortes de gouvernement auxquelles le système représentatif peut s'appliquer. Une seule chose doit s'admettre pour tous, c'est que toute société divise ses pouvoirs en deux parties, l'*action* et le *conseil*, qu'elle délègue à différents titres et conditions. Le conseil l'est ordinairement à un corps éligible (1).

Dans la démocratie, il sera jugé convenable que les conditions d'éligibilité soient étendues; que la classe, le rang, la fortune y soient exempts de préférences; que la durée de la représentation soit courte; enfin qu'on n'y soit pas rééligible, afin que le pouvoir remonte souvent à sa source et résiste à l'ascendant

(1) Le mot de *corps* est ici employé improprement, et seulement pour déférer à l'usage; car une représentation ne peut se dire un *corps*, à moins qu'elle n'en cumule les attributs comme la chambre-haute d'Angleterre.

naturel qui tend toujours, par le repos de la masse et l'ambition des individus, à porter le pouvoir de tous à quelques-uns et de quelques-uns à un seul.

Dans la monarchie, au contraire, où le peuple a renoncé pour toujours à gouverner par lui-même, un homme qui ne meurt point est seul investi du pouvoir de l'*action*, et la délégation est comme lui éternelle. D'autres hommes sont choisis pour exercer le pouvoir du *conseil*, et dans leur choix comme dans leur durée, les éléments doivent être directement inverses de ceux qui dirigent la démocratie. Partout où manque cette délégation expresse, la nécessité y supplée en créant, avec la sanction du temps, au lieu de corps élus, des corps qui en tiennent la place et en remplissent les fonctions.

§. *De la représentation permanente ou temporaire.*

Là où il existerait une puissante aristocratie, la représentation, soit que ceux qui l'exercent changent ou persistent, soit que leur mission soit plus ou moins durable, la représentation, dirons-nous, peut être nommée permanente. En Angleterre, le parlement dure par la lettre sept ans; mais la noblesse et le clergé sont inamovibles dans une de ses chambres; et dans l'autre les élections, concentrées dans un petit nombre de mains, bornées au peu de fortunes qui peuvent les obtenir ou les donner, renouvellent nécessairement, ou les mêmes hommes, ou leur classe étroite. Il existe donc aussi dans les membres de la seconde chambre une espèce d'inamovibilité, et le parlement peut, en quelque sorte, se dire permanent. Il n'est pas hors de propos de remarquer que cette absence de toute mobilité se rencontre dans un pays où une pratique immémoriale de la représentation et une invariabilité éternelle de mœurs, d'esprit et de coutumes, serviraient, au besoin, de contre-poids à une forme de représentation moins durable.

En France, où le pouvoir était plus concentré, par la raison, sans doute, que la nature s'oppose à ce qu'il y soit autrement, l'usage, suppléant à la loi, avait créé un contrôle moins légal, mais encore plus permanent. La vraie représentation, celle des états-généraux, était courte, rare et subordonnée à la volonté des Rois; mais leur absence laissait une partie de leurs fonctions aux parlements, qui, sans droit ni titre avoué, mais de fait et par nécessité, devenaient sur quelques points importants les substituts des états et une sorte de représentation permanente. Cette représentation, sans doute, était très imparfaite, quoiqu'elle eût pour titre l'usage, qui, en matière publique, vaut mieux que les conventions; mais si on pouvait supposer qu'au lieu de permettre une révolution, un Roi voulant bien se dessaisir d'une partie de sa puissance, et bâtissant sur les bases existantes, eût accru et déterminé les attributions du parlement de Paris; eût assuré et étendu son existence politique; y eût fait, enfin, la part des pairs et des communes, on ne peut guère douter qu'une telle représentation n'eût facilement subsisté en satisfaisant à la fois le petit nombre des esprits turbulents qui voulaient créer, et la masse des esprits tranquilles qui voulaient conserver (1).

La représentation aurait donc eu un caractère permanent.

Mais, en thèse générale, si la représentation est permanente, n'en résultera-t-il pas dans le corps qui l'exerce une telle puissance qu'elle

---

(1) Remarquons d'ailleurs ici cet effet naturel des inclinations humaines, qu'on trouve chez elles des obstacles à borner et à réduire, mais jamais à accroître et amplifier. On ne trouva chez le parlement, et dans l'opinion son alliée, que barrières et résistances quand on voulut borner sa puissance : on n'eût trouvé dans l'un et l'autre qu'applaudissement et soumission s'il eût été question de l'étendre.

affaiblira le trône? Non, si le trône a le droit; qui pourvoit à tout, de dissoudre les communes et de nommer les grands, qui depuis long-temps en Europe, ne pouvant plus être dangereux au trône, sont réduits à lui être utiles; d'ailleurs l'homme qui a de droit une armée, a toujours de fait la puissance.—Mais un règne faible peut survenir.—Dans ce cas, le gouvernement fût-il despotique, il se trouverait toujours, indépendamment de la représentation, un corps ou un homme pour l'usurper.

D'un autre côté, on dira peut-être: — Si la représentation est permanente, ne deviendra-t-elle pas trop soumise à l'influence du trône, et ne perdra-t-elle pas de vue sa mission originaire? —Sans doute cette hypothèse est plus naturelle à prévoir que la première; elle est beaucoup plus dans la nature des choses; mais cette nature des choses est inévitable; c'est une pente qui entraîne tout dans une monarchie, et une représentation passagère subira les mêmes influences sans avoir le même poids pour y résister.

Après avoir examiné théoriquement la question d'une représentation permanente, et fait voir que nous appliquons ce mot *permanent* bien moins à la durée littérale d'une chambre qu'à la perpétuité du corps où elle se recrute, essayons d'appliquer ce principe; mesurons-le au lieu et au temps, et voyons quel poids on devrait lui donner pour compenser à une monarchie continentale celui que l'Angleterre doit à sa situation géographique.

Si la représentation dure sept ans en Angleterre, où les institutions ont le poids du sol sur lequel elles reposent, combien devrait-elle durer dans un pays où les institutions n'auraient encore que celui du papier où elles sont écrites? On sent que dans l'exactitude mathémathique l'éternité suffirait à peine au quatrième terme. Il faut cependant se borner à des conditions humaines, en disant que dans ce dernier cas une longue durée devrait tout au moins être admise; d'une part, pour assurer à la représentation la consistance qu'elle a besoin d'acquérir; de l'autre, pour donner au Roi l'avantage immense de garder long-temps un parlement dont il serait satisfait. Cette durée, d'ailleurs, calmerait et éteindrait ces éternelles ambitions qu'entretient l'aménagement d'une représentation mobile; car il s'agit bien moins de savoir si chacun pourra parvenir à son tour, et plus ou moins souvent, à représenter le peuple, que de savoir si le peuple sera représenté avec dignité, puissance, bon sens et uniformité.

Il n'y a rien de neuf à dire sur les choses qui

existent. En tout pays l'homme de bien a toujours à leur égard un premier devoir quand elles existent de droit, celui de les maintenir. Ainsi une loi d'État est donnée par un roi légitime; elle est jurée par son peuple; la terre n'a rien de plus sacré; l'homme doit s'y soumettre comme aux lois du décalogue. Mais un bon citoyen, s'il a l'esprit spéculatif, s'exerce dans le champ des hypothèses; et Dieu ne lui défend pas de dire:

> C'est dommage, Garo, que tu ne sois entré
> Au conseil, etc.

Si donc le ciel nous avait chargé d'organiser la représentation ailleurs qu'en Angleterre, nous demanderions que la chambre des communes siégeât quinze années et ne pût être renouvelée qu'intégralement, soit à l'expiration de ce terme, soit par le droit qu'aurait le souverain de la dissoudre (1). Si on nous objec-

(1) Le renouvellement partiel d'une chambre est une loi de théorie, et qu'on peut rendre illusoire, puisque, dans le contrat qu'on appelle charte ou constitution, il dépendra toujours d'une seule des deux parties, le souverain, de rendre cet article inexécutable. Une loi qu'on s'impose en se réservant le droit de ne pas l'exécuter; une convention signée entre deux parties, dont une seule a le droit de l'annuller, sont des cho-

tait qu'en renouvelant une chambre en masse après une telle durée, plutôt que de la renouveler insensiblement, nous changerions son esprit au lieu de l'infuser et de le perpétuer, de manière que cet esprit régulateur de l'empire pourrait varier périodiquement de 15 en 15 années, nous aurions à répondre qu'un système constant qui a dirigé un pays pendant quinze ans, répond par lui-même d'une unité de direction et d'intérêt qui assure qu'on n'y est pas en révolution; qu'il n'y existe qu'une tendance possible, et que la marche des esprits y est nécessairement uniforme. Nous répondrions encore que l'organisation de ce pays, dont nous parlerons plus bas, serait telle dans notre système qu'elle n'admettrait pas de chances faciles à une telle versatilité.

---

ses contradictoires. Si, chaque année, on renouvelle une partie d'une chambre, supposez un cinquième, il suffit que le souverain veuille constamment dissoudre la chambre avant cinq ans révolus, pour que toujours elle se trouve recomposée intégralement; et il s'y joindra l'inconvénient que, toujours recommençant en vain son aménagement, il existera toujours cinq rangs d'inégalité entre ses membres. Ce principe ne pourrait s'appliquer avec régularité que là où le droit de dissoudre n'existerait pas, et où la représentation serait éternelle dans sa masse. Partout ailleurs le renouvellement partiel n'est que le pouvoir conservé au souverain d'avoir à son choix un aménagement quinquennal ou une coupe à blanc-étau.

La représentation durerait donc quinze ans, ses sessions seraient annuelles, leur retour fixe et leur durée bornée. Les membres de la représentation seraient rééligibles.

Ainsi le peuple aurait tous ses droits et en userait peu, ce qui est le point où on doit tendre en toute monarchie. Un homme en possession d'une influence de quinze années se verrait souvent réélu ; il le serait à un âge mûr ; et on parviendrait à une majorité de vieillards, chose fort neuve, il est vrai, de nos jours, où l'étymologie du mot sénat s'est un peu oubliée, mais qui ne serait pourtant pas à mépriser là où il ne s'agit pas de commander une armée ou de diriger l'administration, mais de discuter des lois, de décréter des impôts et de maintenir dans le fond et dans la forme, la dignité, la solidité et la durée.

Dans notre représentation des commmunes, nous demanderions encore que le nombre des membres fût peu étendu, 1°. parce que le bon sens, la vraie dignité, le respect des principes et des formes, le concert et l'absence des intrigues sont toujours en raison inverse du nombre; 2°. parceque les places, et parconséquent le corps même, auront d'autant plus d'éclat et d'importance, qu'elles seront plus bornées; 3°. parce que le peuple fera un usage moins étendu d'un droit qui doit être restreint dans son application, dès qu'il est vaste dans ses principes; 4°. parce que dans un gouvernement où la loi d'état doit exiger que les conditions d'éligibilité soient étroites, il ne faut pas trop en étendre l'application.

Nous voudrions cependant qu'aucune division de l'empire ne pût avoir moins de trois représentants, parce que ce n'est pas trop de trois têtes pour se partager la masse des connaissances générales que demandent les intérêts d'une province.

§. *Des conditions d'éligibilité.*

Les lois de notre monarchie permettraient qu'on fût éligible à trente ans, afin qu'un représentant réelu pût l'être dans l'âge de la force et du conseil.

Serait-il utile ou non, dans nos suppositions, d'exiger qu'on ne parvînt à la représentation que par des fonctions préliminaires?

Nous pensons que ce principe ne devrait être admis que par exception, et seulement à l'égard de quiconque n'y parviendrait pas par le droit fondamental de la propriété.

Nous regarderions, sans exception, l'étude des lois et les épreuves qu'elle impose, comme une condition indispensable d'éligibilité (1).

---

(1) On nous objectera peut-être que la jurisprudence est une

La propriété serait à nos yeux le vrai et unique principe de l'éligibilité, et tout autre n'y parviendrait que par des dérogations prévues. Quelle est en effet la base de l'Etat, l'E-

---

science particulière ; qu'elle exige des études préparatoires, un stage, etc. Nous répondrons que c'est un avantage de plus à notre système, et que ces études deviendront à bon droit la base commune de l'éducation des hommes qui se destinent ou à la carrière de la législation, ou à celle de la magistrature. L'une est loin de nuire à l'autre; et on peut croire qu'un peuple aurait plus gagné que perdu, quand ses législateurs, au lieu de quitter seulement leur meute ou leur charrue, et de se présenter au parlement munis du seul titre de leur propriété, y joindraient celui de l'étude et d'une vie destinée d'enfance à la carrière qu'ils doivent parcourir. Les assemblées y gagneraient probablement de la science et de la gravité; et l'ambition produirait bientôt une génération d'hommes à la fois riches et instruits. Ce principe s'observait jadis en France dans toutes les familles qui destinaient leurs enfants à la magistrature ou à beaucoup d'autres charges. Pourquoi donc enfin l'étude des lois n'entrerait-elle pas dans l'apprentissage nécessaire de douze cents personnes qui se destineraient à briguer peut-être trois ou quatre cents places législatives, puisque l'étude des armes entre dans celui de vingt mille qui se destinent à occuper des grades militaires? On ne pèse peut-être pas assez un bien subsidiaire mais immense de ces éducations qui dirigent la vie vers un but certain. Il est, indépendamment de tous ceux qui y frappent tous les regards, d'imposer à chaque carrière des conditions que la foule ne peut ou ne veut pas remplir, de resserrer par conséquent le nombre

tat même ? la terre : et si cela n'existait pas de fait, il faudrait le créer pour pouvoir reposer sur un point fixe et invariable. L'homme passe ou change ; la terre reste. C'est donc sur elle que doit s'appuyer toute construction durable.

Faisons donc abstraction de toute superficie et même des hommes. Disons que la terre forme l'Etat, et posons la règle suivante : Si l'Etat contient quarante millions d'arpents en culture, divisés en propriétés, et déduction faite de ce qui en appartient à la société indivise, c'est-à-dire au gouvernement, chacun de ces arpents aura droit dans l'État pour un quarante millionième. Mais ici la raison politique intervient pour modifier cette raison positive, et sans priver chaque partie de son droit au concours, elle ne les y admet que dans un état d'aggrégation qui forme un *quantùm* suffisant pour y avoir place. Tout homme

---

des prétendants à une classe étroite et éprouvée, de diminuer les ambitions, et de produire plus de repos dans l'État. Enfin, nous devons aussi avouer ici une arrière-pensée, qui serait de voir dans ces études exigées un moyen futur de fusion de la haute magistrature avec la législation, et de la magistrature inférieure avec les corps électoraux : plan trop vaste pour pouvoir en montrer aujourd'hui même un aperçu, et en même temps trop nouveau pour que cet aperçu ne fût pas traité de folie.

peut, avec de la conduite et de l'industrie, parvenir à former cette réunion; ainsi le droit individuel est intact. Supposons ce *quantùm* de cinq cents arpens, plus ou moins, suivant les provinces et la valeur des terres, et nous disons que toute partie des quarante millions, qui sera parvenue à le former, exercera dès lors des droits politiques qui resteront éventuels pour tous ceux qui seront au-dessous (1).

Tout homme qui posséderait cinq cents ar-

---

(1) Cette institution tendrait accessoirement à former de grandes propriétés, à les maintenir dans les familles, et à arrêter leur subdivision qui s'opère avec rapidité, partout où les lois ne s'occupent pas de la restreindre. Que serait-ce dans un pays où cette subdivision serait un revenu pour le fisc, en sorte que l'État encouragerait pour un profit annuel ce qui peut causer sa perte future. Cet abus de la division est beaucoup plus funeste qu'on ne pense, à l'État qu'il prive de ses bases, aux grands qu'il amoindrit, aux petits qu'il ruine, au commerce qu'il dessèche, et à l'agriculture qu'il détruit. On ne peut se figurer combien il contribue à l'épuisement des provinces, en transformant une classe agissante, et ses capitaux mobiles, en une foule de petits propriétaires nécessiteux, abandonnant leur commerce sans pouvoir faire d'avances à la terre. On croit tel pays riche, parce que le pauvre y est propriétaire, qui est pauvre au contraire parce que le propriétaire y est pauvre. Quiconque dira le contraire n'aura vu que des exceptions, des sols féconds, des pays privilégiés, le voisinage des villes, des routes ou des canaux.

pents serait donc éligible comme représentant de sa terre. Cet homme pourra être sans talents, mais il s'en trouvera d'autres à choisir; et enfin, fussent-ils tous ou sots ou médiocres, on est toujours éclairé sur l'intérêt personnel, et il n'y a rien à craindre pour l'Etat, là où cet intérêt est le même que l'intérêt public.

Mais, d'un autre côté, si le sol sur lequel nous bâtissons avait été récemment agité par des orages politiques, ne pourra-t-il pas arriver que les propriétaires de cinq cents arpents seront souvent des hommes sordides et déshonorés, et que les gens vraiment dignes de considération ne se trouveront pas les posséder?

Cela peut en effet arriver; mais cette exception d'un jour ne peut altérer un principe qui doit être éternel, pour que l'État le soit avec lui.

Nous n'admettrons donc pour titre que l'impôt foncier. Quant au commerce, aux finances, aux capitalistes, ils ne payent à l'État que le sacrifice d'une retenue sur leurs bénéfices, et ils font à leur tour cette retenue à ceux sur lesquels ces bénéfices se prélèvent; ils échappent donc réellement aux charges de l'Etat, et n'ont pas par conséquent de droit réel à ses fonctions. Toutefois, en énonçant ici la stricte vérité, nous avouons que plus un principe est vaste, plus il peut admettre ces exceptions qu'exige la civilisation des États, et qu'il en est où il pourrait être jugé utile que le commerce, à des conditions étroites et dans une proportion donnée, pût être appelé à concourir à la représentation.

Nous voudrions que le propriétaire éligible ne pût l'être ailleurs que dans la province de son domicile; car si une province pouvait élire le domicilié d'une autre, il lui arriverait de trahir son propre intérêt, et d'exclure ses citoyens, ses protecteurs naturels, ceux qui l'ont étudiée, ceux enfin dont l'intérêt converge avec le sien, pour céder au monopole qu'exerceraient, ou la capitale, ou même d'autres provinces par l'influence de leurs richesses ou de leurs talents. Cette institution tendrait d'ailleurs à l'avantage de l'agriculture et du commerce, par le résultat qu'elle aurait de fixer les grands propriétaires dans leurs domiciles naturels.

§. *Des corps électoraux.*

Il est plus embarrassant de savoir qui élira que qui sera élu; car en vain nous aurons circonscrit la masse éligible; si nous ne sommes pas sûrs du corps électif, il saura bien y faire des choix funestes; et, d'une autre part, quand tout l'empire concourrait au droit d'être élu, si le corps élisant est sagement organisé, il ne fera que des choix raisonnables. La puissance élective est donc le vrai point de la difficulté.

En Angleterre, un grand nombre y concourt, les conditions y sont faciles, mais les chances d'élection sont si bornées, mais dans beaucoup d'endroits elles exigent une telle fortune à prodiguer, mais ces prétendus électeurs sont, comme fermiers, comme vassaux, comme clients, dans une telle dépendance d'un petit nombre de grands ou de riches, qu'on ne doit, à proprement parler, considérer que ces derniers comme les vrais électeurs. Se figure-t-on, en effet, ce qui arriverait de ce pays, si ce peuple tumultueux était dans ses saturnales, le véritable électeur de son parlement? Les électeurs sont réellement en Angleterre en plus petit nombre que les élus; et ces électeurs, sans compter la couronne qui occupe pour un grand nombre, sont pour la plupart immuables et héréditaires comme la terre qu'ils possédent. Souvent l'élu n'a rien; c'est un client, une créature, un fondé de pouvoir qu'une grande maison s'assure au parlement; mais l'électeur a dix mille livres sterling de revenu.

Si nous rapprochons la France de cet exemple, nous trouvons au contraire que, si dans ce pays, non pas la foule comme en Angleterre, mais seulement un grand nombre participait au droit d'élire, comme il n'y a ni vassalité, ni clientelle, ni grandes et antiques influences territoriales, chaque électeur serait un individu; et lorsqu'en Angleterre cinq cents ne sont réellement que dix; en France, cent seraient véritablement cent. Dans ce qu'on appelle un collége d'arrondissement, par exemple, cent électeurs, plus ou moins, d'une classe fort éloignée (exceptions à part) de celle à qui l'État peut confier ses lois, puisqu'ils ne doivent justifier d'aucune contribution déterminée, doivent présenter aux choix du collége de département trois candidats qui payent seulement mille francs d'impôt. Ils peuvent, dans les provinces aisées, les trouver sans peine sans sortir d'une classe inférieure ou moyenne; et sans nul doute, ils préféreront ceux-là, qui sont eux, ou leurs pairs, ou leurs proches, puisqu'aucune influence supérieure ne les en détourne, et qu'aujourd'hui chacun se croit fait pour tout.

Si le collége de département donne trois membres ou quatre à la représentation, il est tenu d'en prendre deux parmi les candidats d'arrondissement.

Ainsi, de fait et inévitablement, les électeurs d'arrondissement qui ne justifient d'aucune contribution, nomment entre la moitié et les deux tiers de la députation, ce qui peut s'évaluer à trois cinquièmes, et les électeurs de département, qui payent trois cents francs (ce qui, par parenthèse, est beaucoup trop peu), n'en nomment que deux cinquièmes.

Cet exemple, étendu à tous les départements, livre réellement trois cinquièmes de la représentation au choix des électeurs sans contribution exigée, principe échappé de la démocratie, qui, sous ombre d'infériorité de degré, donne la vraie supériorité au plus grand nombre et à la moindre fortune.

Le mal serait beaucoup moins grand, si la hiérarchie élective était inverse, en sorte que les plus imposés nommassent les candidats, et que les moins imposés n'eussent que la fonction de choisir entre eux.

En appliquant ces réflexions à notre monarchie, nous demanderons de quoi se composera, dans chacune de ses provinces, le corps électoral qui, tous les quinze ans, serait appelé à réélire la totalité de ses députés? Tous les éligibles seraient-ils électeurs?

Nous pensons que cette faculté d'élire devrait être moins vaste à-la-fois et moins susceptible de variations que ne le comporte notre *quantùm* d'éligibilité, et que par conséquent le nombre des éligibles devrait être plus étendu que celui des électeurs; mais en resserrant la masse des électeurs, nous voudrions, par une espèce de compensation, leur permettre, à titre d'exception, un nombre déterminé de choix au-dessous du *quantùm* éligible : concession importante, et en même temps peu dangereuse, que nous jugerions convenable de faire en faveur de ceux qui, ne tenant pas de leurs facultés des droits politiques, seraient jugés dignes de les tenir de leur mérite.

Il nous paraîtrait utile, en même temps que nous resserrerions le nombre des électeurs, de fortifier ce principe en imprimant au corps électoral une solidité et une durée qui n'y rendît pas le nom de *corps* illusoire, et qui pût suppléer, dans un pays nouveau, aux bases qui lui manqueraient d'ailleurs.

Pour y parvenir, nous voudrions composer notre corps électoral de deux parties. La première, qui en formerait pour ainsi dire le noyau, serait permanente et inamovible. La seconde se composerait de propriétaires domiciliés, possédant un *quantùm* supérieur à celui de cinq cents arpents, et qui, à l'époque seule des élections, s'adjoindraient à la première partie.

Mais quel serait ce noyau? Serait-il seulement formé de privilégiés oisifs, nommés de droit et d'avance, sans autres attributions publiques qu'une élection de quinze en quinze années? Non, une telle institution ne serait qu'un vain titre. Nous voulons pour eux des charges en même temps que des droits; nous leur destinons des travaux qui les occupent au profit de l'État; des fonctions qui les rendent utiles, et forment d'avance, pour la représentation, des hommes d'État et des administrateurs.

En France autrefois plusieurs provinces avaient, par leurs capitulations, des états provinciaux. C'était, nul ne peut en disconvenir, et les mieux gouvernées et les mieux administrées. C'était celles qui payaient le mieux, donnaient le moins d'embarras au fisc, et soulageaient le plus le gouvernement central. Elles exigeaient de lui, en retour, un peu plus de ménagements, par cela qu'elles agissaient à son égard en corps de province, et par conséquent avec plus de poids que des individus dispersés. Les rois ne les aimaient pas : l'anarchie les a brisés, et c'est un des points où elle s'est montrée la plus fidèle alliée du despotisme. Cependant si cette réunion, si cette solidarité des intérêts d'une province entraînait quelques froissements dans les rouages; d'un autre côté, par la solidité d'une telle corporation, elle affermissait la machine même. En nivelant, symétrisant et égalant tout, on favorise merveilleusement le despotisme, qui ne trouve plus alors que routes droites et unies, et s'y répand à son aise, de même qu'on soumet plus aisément les pays de plaines que les pays de montagnes. D'ailleurs, et par le même principe, en arrachant les bornes et effaçant les limites, on éteint le patriotisme. Plus la patrie est étroite, plus elle est chère; on aime mieux sa maison que sa ville, sa ville que sa province, et sa province que le royaume; on est encore plus Picard et Breton que Français; et si le monde n'était qu'un seul empire, on cesserait d'aimer son pays.

Dans notre monarchie nouvelle, où nous cherchons des faisceaux, des corporations, et tous les gages de durée, il nous plairait donc de nous modeler sur ces anciens états provinciaux de la France. Nous les voudrions peut-être moins turbulents, quoiqu'à vrai dire, ils ne seraient probablement que trop souples, si toutes les vraies puissances qui doivent y concourir nous manquaient pour les former. Mais, sous quelque nom et à quelque prix que ce fût, nous tendrions à constituer un pouvoir local, d'une part, pour protéger et soigner les provinces; de l'autre, pour offrir à l'autorité centrale de grands appuis et de puissants leviers. Ces corps seraient permanents, gratuits; leurs fonctions s'exerceraient à vie, et ils auraient des sessions réglées dont un bureau remplirait l'intervalle. Les pairs ayant leur pairie dans la province (1), et un petit nombre d'hommes tirés de notre plus haute noblesse auraient dans ce corps un droit héréditaire. Les évêques y auraient séance. Un nombre déterminé des principaux propriétaires y siégeraient aussi. Une partie d'entre eux serait même, si l'on veut, désignée par le Roi. Enfin ce corps une fois institué, se renouvellerait par lui-même. Cette assemblée représenterait la province (2) et l'administrerait dans

---

(1) Nos pairs auraient des terres titrées pairies.

(2) Il serait conséquent à notre système d'avoir des circonscriptions de province suffisamment étendues; d'une part, pour donner une consistance convenable aux états provinciaux; de l'autre, pour simplifier la marche administrative du gouvernement, et enfin pour économiser les frais d'administration. Par les mêmes raisons, nous réduirions, autant que nous le pourrions, non seulement les administrations du second ordre,

tout ce que, de son gouvernement local, on pourrait abandonner à ses propres soins. L'homme délégué par le Roi la gouvernerait dans tous les points où touche l'autorité royale, la surveillerait dans le reste, et traiterait sous ce rapport, non du Roi aux individus, mais du Roi à la province entière : il aurait moins de peine d'une manière, plus d'une autre ; mais de ce qu'un administrateur royal gouverne moins facilement un corps solide et considéré, il faut seulement en conclure qu'il est solide et considéré, par conséquent, bon et nécessaire ; il faut donc en bénir l'existence et en supporter les inconvénients.

Ces assemblées provinciales accrues tous les quinze ans, des principaux éligibles formeraient donc nos corps électoraux ? Ce ne serait point une assemblée nomade appelée pendant huit jours à des fonctions qui lui sont étrangères presque tout le reste de sa vie, mais une réunion d'hommes considérables, importants, rompus et vieillis dans l'administration, dignes représentants de leur province, et par consé-

mais encore le nombre des hommes que chacune d'elles emploie, nous souvenant d'avoir vu jadis en France un subdélégué, plus payé en honneur qu'en argent, régir avec deux commis plus de pays qu'on n'en gouverne aujourd'hui avec cinquante employés.

quent justes électeurs des représentants du royaume (1).

---

(1) Nous ne parlons pas ici des élections d'une classe inférieure que les électeurs pourraient avoir à faire pour l'administration intérieure de la province, parce que, dans notre système fondé entièrement sur la durée et la stabilité du pouvoir, et par conséquent sur la concentration des emplois, nous ne voyons pas d'utilité réelle dans des élections et renouvellements périodiques, dont l'unique fruit serait de nourrir sans fin une ambition universelle, de laisser à chacun la chance prochaine d'une place, et de donner au moindre individu le plaisir d'exercer de loin en loin des droits politiques sans y être appelé par un titre solide et une mission expresse, toutes choses qui nous semblent des dérivations de la démocratie, et que par conséquent nous serions soigneux d'écarter comme propres à corrompre les éléments monarchiques.

CHAPITRE III.

Des principes qui constituent et règlent les assemblées représentatives.

Après avoir examiné les questions de l'éligibilité et de l'élection, et considéré la représentation dans ses antécédents, nous poursuivrons notre hypothèse en cherchant ce qu'elle devra être en elle-même.

§ Ier. *De ce que les chambres doivent représenter.*

Ici se présente une grande question que beaucoup de publicistes ont plutôt tranchée qu'approfondie.

Nos députés élus seront-ils les représentants du royaume sans acception de localité, sans mandat spécial, sans responsabilité directe, et avec un pouvoir illimité de décider de la fortune publique? Ou bien seront-ils simplement les mandataires de leur province liés à l'observation fidèle des pouvoirs qu'ils en ont reçus.

Sans nous arrêter dans ce problème politique aux choses préjugées et aux routines établies, nous répondrons simplement, *ni l'un ni l'autre.*

Dans le premier cas, nous verrions une assemblée d'hommes dénués des deux grandes bases de la représentation, la caution et la responsabilité : car avoir tout un peuple pour caution, être responsable à tout un peuple, sont des choses aussi inapplicables de fait que vagues d'expression. Le Roi est-il despote ? il peut asservir la représentation sans qu'autre voix dans l'empire la soutienne que l'opinion, qu'on emprisonne ou trompe comme les opinants : par conséquent, point de caution. Les représentants sont-ils vénaux ? ils peuvent livrer leur pays. Sont-ils entreprenants ? ils peuvent le compromettre, le révolter contre le prince ; enfin se rendre indépendants, au lieu de sujets, et rois, au lieu de mandataires, sans qu'une seule autorité puisse leur demander compte de leur mission : par conséquent, point de responsabilité (1).

Dans le second cas, nous verrions une réunion de représentants dont chacun porte sa marque et son signalement, et présente pour caution la province qu'il représente, et le corps

(1) L'exemple s'en est vu en France où, depuis l'assemblée constituante qui la première déchira ses cahiers, le corps-législatif, sous quelque nom qu'il ait existé, ne fut jamais le *représentant du peuple*, mais se fit *le peuple même*.

permanent qui l'élit. Hommes considérables, non pas seulement par un titre, mais par la base qui les supporte. Nous verrions ces mêmes hommes liés par une responsabilité réelle à un corps électoral, juge inamovible de leur conduite. Nous verrions derrière leur opinion un faisceau d'opinions solidaires qui, à l'avantage de rendre son vote plus constant, plus éclairé, moins susceptible d'être séduit ou égaré, joindrait celui de montrer à travers ses discours, le vœu et l'esprit public d'une province, bien mieux qu'on ne peut reconnaître celui d'un peuple dans les paroles de son représentant. Nous y verrions enfin des hommes ayant mission spéciale pour défendre, dans l'occasion, l'intérêt de la partie toujours trop faible contre le tout.

Mais d'un autre côté le système de représentation provinciale peut tendre à la division, à l'esprit de parti, au sacrifice du bien public, à l'intérêt particulier (1); mais la caution d'une

---

(1) Le sacrifice de l'intérêt public à l'intérêt particulier peut bien entraîner quelques abus de détail, mais c'est un principe qui n'est point dangereux en thèse générale. L'intérêt personnel auquel chacun tend par son propre poids, est une pente à laquelle la chose publique doit, moins qu'on ne pense, chercher à résister; car, dans tout état bien réglé, cet intérêt finit

province peut donner à ses représentants trop d'importance personnelle, trop d'indépendance et d'exaltation ; mais la responsabilité peut anéantir leur libre arbitre et transformer des législateurs en (1) commis.

Nous pensons, en effet, que de tels abus peuvent naître à côté du bien de la représentation provinciale, et peut-être le corrompre s'ils n'y sont pas rectifiés; mais l'abus n'est

---

toujours en masse par converger vers le bien public. On peut assurer que ce bien ne s'opérerait nulle part s'il ne se trouvait pas au but commun des intérêts privés, et que cette direction naturelle de chacun vers son propre intérêt est donnée du Ciel pour le soutien des États. D'ailleurs le souverain, toujours plus fort que chaque particulier ou chaque corps, à moins qu'il ne le veuille autrement, est armé pour arrêter l'abus et empêcher que le bien de chacun n'empiète trop sur celui de tous ; et il est bien plutôt à craindre qu'il ne fasse la balance trop forte au bien public, qui est le sien propre. Le sacrifice de l'intérêt privé à l'intérêt public est beau et bon quand il est volontaire, mais il est funeste quand il est forcé et passé en loi ; car le public est toujours un homme qui en use à son profit.

(1) Ce mot de *législateurs* est un de ceux de la révolution qui ont contenu et enfanté le plus d'erreurs. On ne le sépare point encore de celui de représentant ou de député, tant on s'est accoutumé à voir des représentants s'occuper sans relâche à fabriquer des lois, comme si c'était l'unique but de leur mission. Ce but n'est cependant, dans tout état réglé, que de régir fidèlement les affaires de leurs commettants, et accidentellement d'y pourvoir par des lois quand elles sont nécessaires.

pas le principe, et toutes les fois qu'il n'en est pas une déviation utile, la main de l'homme peut l'en détacher. Ainsi, par exemple, l'inconvénient de faire céder l'intérêt public à l'intérêt particulier se détruit, dans l'usage qu'un seul en voudrait faire, par celui que tous peuvent en faire comme lui, et s'efface dans une concession générale et mutuelle. Ainsi le danger des mandats spéciaux s'atténue facilement en réglant leur esprit et réduisant légalement leur valeur à des instructions. Ainsi celui de la responsabilité disparaît en ne rendant point le représentant formellement comptable de la stricte observation d'un mandat, et lui laissant une latitude indéterminée que fixera l'opinion et l'usage.

Si on regarde l'intérêt des représentants, ils doivent l'être de l'empire. Si on regarde l'intérêt de l'empire, ils doivent l'être des provinces.

Nous avons donc pu dire que nos députés ne seraient exclusivement *ni l'un ni l'autre*, ou plutôt nous dirons qu'ils seront l'un et l'autre à la fois. Il sera temps de combiner l'amalgame de ces deux principes, quand eux-mêmes seront établis; mais quelle qu'elle soit nous insisterons pour que le premier des deux, celui de la représentation provinciale, y emporte de beaucoup la balance, 1°. comme étant le seul fixe, positif être exempt de vague et d'abstraction ; 2°. comme garant plus sûr d'une administration et d'une législation éclairée; 3°. comme pouvant seul fonder un corps solide, basé sur de grands appuis et en servant à lui-même l'Etat. Nous pensons enfin que, quand même il pourrait s'admettre en thèse générale que ces deux principes doivent s'équilibrer, il existerait néanmoins des situations où tous les poids doivent pencher du côté des faisceaux et des corporations, des temps où les corps et les forces qui ont été aggresseurs de la monarchie lui sont donnés pour auxiliaires, et où on se montre plus fidèle aux souvenirs qu'au jugement, quand on se prive d'un défenseur vivant en mémoire d'un ennemi mort.

§. IIe. *Des rapports de la chambre des députés avec la nation.*

Ainsi, si nous regardons l'Etat administrativement, nous le considérons dans les assemblées provinciales qui le partagent.

Si nous le regardons législativement, nous le considérons dans l'entier que ces fractions composent; et nous distinguons dans cet ensemble,

D'une part, le Souverain considéré comme puissance exécutive, qui exerce sur toutes les parties son empire administratif, judiciaire et militaire.

D'autre part, le parlement dans lequel se forme la combinaison suivante pour allier l'intérêt de l'union générale avec celui de la division particulière. D'abord, le Souverain, considéré comme partie de la législation, est l'homme, non de telle ou telle fraction, mais du tout. Ensuite la chambre-haute qui, par son institution, appartient plus généralement au Roi, est plus au royaume qu'à aucune partie séparée. Enfin la chambre des communes qui, par son caractère, doit appartenir plus directement aux parties qu'au tout, sera le centre de réunion où ces parties doivent s'entendre sur l'intérêt commun et discuter les intérêts particuliers.

Les rapports des députés seront donc doubles; savoir, d'eux à leur province, quand une députation en stipulera les intérêts devant l'assemblée; d'eux au royaume, quand les députations réunies en régleront les intérêts généraux.

§. IIIe. *De la balance entre les chambres.*

Nous avons entendu agiter cette question: — N'est-il pas telle situation dans l'Etat, telle chance dans les événements, où l'on peut craindre que la chambre-basse n'usurpe sur la chambre-haute, et n'absorbe en quelque sorte le pouvoir législatif? Ne la vit-on pas, en France, quand elle ne formait qu'un tiers de la représentation, anéantir, dès son berceau, les deux autres tiers? Que ferait-elle dans une monarchie où elle en formerait de droit la moitié; surtout si cette moitié se trouvait encore appuyée sur des assemblées provinciales?

Nous entrerons dans quelque détail sur cette objection.

Quelle fut, il y a vingt-cinq ans, la représentation du tiers-état? Rappelons-nous qu'alors, grâce à l'engouement philosophique et à l'honneur qu'on attachait à descendre, rien n'était beau et précieux pour les grands que les petits. La troisième partie de la représentation, au lieu d'être composée, comme elle l'était chez nos modèles, des principaux propriétaires et même d'un grand nombre de nobles, le fut donc en général d'hommes sans illustration, sans importance, à qui toutes les négations furent comptées pour titres, et qui se montrèrent conséquents, en professant à leur profit tous les principes que les autres pratiquaient à leur détriment. Mais, comme si ce n'eût pas été assez de l'énergie de gens qui ne cherchaient qu'à usurper contre l'aveuglement de gens qui ne cherchaient qu'à perdre, on doubla gratuitement leur nombre. Ce n'était rien ; on consentit que la délibération des trois ordres fût commune ; on joignit donc le droit à la force, et dès lors il n'y eut plus qu'un corps ; ce corps n'eut plus qu'une voix, et cette voix condamna la France.

Comment une telle usurpation eût-elle pu être prévenue ? (si toutefois la folle abnégation et le savant égoïsme, qui concourraient alors pour détruire, n'eussent pas rendu toute précaution humaine superflue.) Elle eût pu l'être par une représentation divisée de forme, unie d'intérêt ; par une chambre-haute, puissante, héréditaire et inamovible, et par une chambre-basse uniquement formée de grands propriétaires, liée d'intérêt à la première et enchaînée par sa responsabilité à des corps solides et permanents (1).

Or, si on peut imaginer qu'une telle organisation eût préservé les droits des grands dans un temps de vertige et d'erreur, que serait-

(1) Si un roi de France eût, dès l'origine de la révolution, non pas concédé, mais construit de sa pleine puissance cet édifice qui surpassait l'espoir le plus exalté des novateurs, il eût sauvé l'État et raffermi sa couronne. Plus tard, il l'eût offert quand les factieux l'avaient conquis ; plus tard encore, il l'eût demandé quand les factieux le refusaient. Quand on craint de perdre, il n'y a qu'un moment pour donner.

elle dans des jours de calme et d'expérience! Que serait-elle surtout chez des hommes qui, instruits par des souvenirs terribles, sembleraient, par un sentiment expiatoire, mettre une espèce d'ambition à fléchir devant tout ce qu'on avait brisé, une sorte de gloire à rehausser tout ce qu'on avait humilié, et porter l'exaltation dans la dépendance pour compenser l'exaltation de la révolte. C'est une des grandes et communes erreurs humaines et fertiles en inconséquences politiques, que de confondre les temps et de regarder les choses en elles-mêmes en abstrayant leur âge : Ainsi, en haine d'un tiers-état qui a détruit un empire, on enchaînera un tiers-état qui le rétablirait : Ainsi on comprime les amis en mémoire des ennemis, les fidèles par la peur des factieux; comme, dans la révolution francaise, on détruisait un clergé exemplaire en haine d'un clergé déréglé, une noblesse bienfaisante en mémoire d'une noblesse tyrannique : Ainsi on n'attaque que les abus réformés, on ne combat que les maux guéris. Tant que l'ennemi subsiste, il est debout, armé, fort pour se défendre; on le respecte, on l'honore; dès qu'il est mort, on le tue.

Nous irons plus loin, et nous oserons affirmer que, bien loin que l'importance et la considération d'une chambre-basse et des bases sur lesquelles elle repose puissent s'accroître aux dépens de la chambre-haute, nous voyons au contraire en elle son plus ferme soutien et son allié le plus nécessaire. Appliquons cette idée à la chambre des pairs de France, pour la rendre plus facile à concevoir.

Il faut confesser des vérités dures ou tristes : la consistance de la chambre des pairs en France n'est rien encore ; rien du moins, quand on la compare à ce qu'étaient, il y a cinquante ans, les grands de ce pays, à ce qu'ils sont encore dans toute l'Europe, enfin à ce qu'ils doivent être dans tout empire destiné à durer. Nous leur voyons un magnifique titre et d'augustes fonctions publiques.... ; mais ils ont perdu leurs terres et leurs vassaux : pesez le reste. Ils ont de plus qu'autrefois ces droits politiques qui les eussent rendus si utilement grands alors ; mais ils ont de moins leur fortune ; et dans ce noble échange, en gagnant tout pour l'honneur ils ont tout perdu pour la réalité (1). Ils ont

---

(1) Nous nous permettrons, pour échapper au reproche de ceux qui nous taxeraient de n'être habile qu'à blâmer sans conseiller, et à défaire sans refaire, de jeter ici quelques idées sommaires sur la reconstruction de l'édifice de la noblesse en France.

cessé de pouvoir soutenir noblesse par eux-mêmes, et quiconque manque, dépend (mettons à part de glorieuses exceptions). Les voilà

Si on en venait un jour, comme nous inclinons à le penser, à juger indispensable la restauration de la noblesse en France, il faudrait d'abord s'entendre sur la valeur des mots, et ne pas appeler restauration la permission donnée aux nobles de porter des titres qui leur appartenaient comme la couronne au Roi, mais bien les institutions capables de lui rendre son ancienne splendeur, ou de la mettre en état de la recouvrer; ensuite faire concorder ces institutions avec la charte, puisque par un renversement inouï et en même temps inévitable, la charte, qui ordinairement les suit et en résulte, ici les précède et a rang d'ancienneté sur elles.

Pour y parvenir, on commencerait par donner à chaque ancienne terre titrée la permission qu'on a donnée à chaque ancien homme titré, celle de porter son titre. On nous dira, et cela est vrai, qu'un grand nombre sont aliénées, démolies, démembrées. Nous répondrons, quant à leur aliénation, que, travaillant, non pour tel ou tel homme, mais pour l'État et pour l'avenir, nous préférons une grande terre titrée, même possédée par un faquin dont les fils pourront être honnêtes gens, à une terre qui ne représente à l'État que des terres, des bois et des près: d'ailleurs, la propriété de la terre n'en impliquera pas le titre qui restera inhérent à la famille titulaire, à moins de l'extinction de cette famille, et d'une permission particulière du Roi. A l'égard de la démolition, le titre et les droits qui pourront en résulter resteront, comme par le passé, attachés au manoir principal; dût-il n'en rester qu'une pierre, comme cela était très commun autrefois: et quant au démem-

donc par la force des choses les hommes liges du Souverain, sans crédit ni puissance personnelle, sans rien de ce qui constitue un corps indépendant.

---

brement; outre que le titre restera, comme nous venons de le dire, attaché au manoir principal, on tendrait, par différents moyens, à ajouter à l'intérêt qu'auraient naturellement les propriétaires de recomposer leurs domaines divisés, et à leur en faciliter la réunion. Ainsi, d'une part, on attribuerait aux terres titrées, et plus ou moins selon leurs titres, divers droits qui, sans rentrer dans le système de la féodalité, seraient honorifiques, politiques, civils, quelquefois même utiles sans nuire à la communauté. Honorifiques, tels que certains droits de patronage, ceux de litre, de chapelle, etc. Politiques, tels que ceux électifs. Civils, tels que les justices de paix et une certaine part dans les administrations provinciales. Utiles enfin, tels que ceux de chasse, de pêche, de plantation sur les bords des routes vicinales et rivières, etc. Ces droits ne leur accroîtraient plus ou moins qu'à mesure que, par des réunions et aggrégations successives, elles parviendraient à former les *quantùm* relatifs auxquels ils seraient attribués. D'autre part, on ferait remise du droit d'enregistrement pour la vente des anciennes terres titrées ou pour la réunion de leurs portions divisées, quand ces ventes ou ces réunions auraient lieu en faveur des anciennes familles titulaires, sans égard à l'époque où elles en auraient été diverties, mais sans remonter toutefois au-delà d'un demi-siècle. On pourrait étendre beaucoup le détail de ces moyens; mais cet aperçu suffit pour faire juger que les terres titrées tendraient rapidement à se réunir, et insensiblement à rentrer dans la main de leurs

De quel auxiliaire pourraient-ils donc recevoir une espèce d'émancipation ? d'une chambre-basse, qui, formée d'hommes considérables par leurs propriétés, considérables

---

anciens titulaires. On s'occuperait en même temps d'affermir pour la suite cette création par les lois civiles sur les testaments, les donations, le droit d'aînesse, la préférence des mâles, les substitutions, les retraits lignagers, etc.

Toutes ces choses seraient assez dans un pays où la noblesse aurait besoin d'être soutenue; elles ne suffisent pas là où il faut la recréer. Buonaparte, qui voulait en faire une, avait, du moins en partie, une idée vraie de la chose, en essayant d'imiter Charlemagne par des dotations de majorats. Il faut donc doter aussi cette noblesse ruinée, et la doter sans toucher à la vente des biens d'émigrés que la nécessité a rendu sacrée. A cette idée, dans un temps de détresse, le lecteur prend d'abord l'épouvante: qu'il se rassure et admette au moins nos données par hypothèse. Des moyens que nous devons nous interdire de développer ici assureraient, sans gréver l'État, un fonds annuel de 25 millions que nous consacrerions, pendant vingt ans, à doter d'abord des duchés-pairies, et ensuite toutes les autres classes de terres titrées, soit entièrement là où la famille titulaire serait entièrement ruinée, soit à proportion de ce qui lui manquerait pour atteindre le *quantùm* de la dotation, qui ne leur serait faite qu'en terres, et à mesure qu'ils recomposeraient, soit leurs anciennes propriétés, soit, en cas d'impossibilité, de nouvelles terres auxquelles le titre serait transféré.

On pourrait en outre accorder un certain nombre de dotations, tant à la nouvelle noblesse dont le nombre est plus étroit et la fortune moins détruite, qu'à des hommes distingués par

par les corps qu'ils représentent, composée d'éléments homogènes à la chambre-haute, tendant enfin elle-même à cette chambre, doit naturellement maintenir l'eclat du siége où elle

---

leurs services, avec des titres qui remplaceraient dans l'État ceux des anciennes familles éteintes. Les dotations faites en remplacement seraient inamovibles; les dotations nouvelles seraient grévées, en cas d'extinction des mâles, de retour, non à l'État, mais à la couronne qui en jouirait en économats jusqu'à ce qu'elle les consfcrât à de nouveaux titulaires.

Des esprits droits mais étroits diront : « Quels titres a donc cette noblesse pour tant obtenir? » A vrai dire, sans beaucoup chercher; on pourrait en trouver, mais ce n'est pas ici d'elle qu'il s'agit, c'est de l'Etat seul à qui il en faut une, non pas de nom et de papier, mais de terres, et qui, n'ayant pas assez de puissance pour en créer une, doit prendre celle qu'il trouve toute faite. Le projet du maréchal M....., dicté par une belle ame, n'allait qu'à prendre en pitié des hommes nobles, et travaillait pour des individus : pour nous, nous ne tendons pas à faire vivre de vieux gentilshommes, mais à faire prospérer une noblesse; nous travaillons pour l'État. Nous dirons une chose dure dans l'expression, mais exacte en principe, et que chacun nuancera à son gré. On fait beaucoup la charité aux pauvres, c'est aux riches qu'il faut la faire aujourd'hui; donner aux petits, c'est donner; donner aux grands, c'est semer.

Tel est en masse notre plan de restauration pour la noblesse. L'État commencera à ressusciter quand on commencera à lui donner de ces lois d'ensemble, de principe et de haute politique. Il ressuscitera de plus en plus, à mesure qu'on les

aspire ; d'une chambre-basse assez solide pour donner de l'aplomb au parlement, et qui ne peut l'affermir que l'autre n'y participe ; d'une chambre-basse enfin qui, dans l'état des choses et de l'opinion actuelle, ne peut se hausser d'un cran sans hausser d'autant celle qui se trouve au dessus d'elle.

En démontrant qu'une chambre-basse ne peut usurper sur une chambre des pairs naissante et encore dénuée de force personnelle, nous croyons avoir été au-delà de la démonstration dans la thèse générale.

§. IV. *De la balance entre le Souverain et les chambres.*

Mais, nous dira-t-on, vous semblez ne travailler qu'à exalter et consolider la représentation. On ne fait rien de rien parmi les hommes. La puissance ne s'acquiert qu'aux dépens d'autrui ; et en élevant des remparts autour des

---

étendra au clergé, à la magistrature, aux corporations, etc. Nous ne nous dissimulons point que toutes ces choses paraîtront insoutenables, car elles sont par malheur devenues toutes neuves ; mais si à une raison toute neuve il faut dix ans pour être dite, redite, écoutée, goûtée, mûrie enfin et prête à recueillir, il n'y a pas un jour à attendre, et il faut bien qu'il se trouve un fou qui se dévoue à la dire.

chambres, ne pensez-vous pas que vous en élevez peut-être contre le Souverain ?

Ce que nous avons dit de la chambre-basse, par rapport à la chambre-haute, nous le dirons de la représentation par rapport au Souverain. Ce que nous avons dit de la chambre des pairs, nous oserons le dire du Roi lui-même.

Qu'a laissé au Roi la révolution ? Un titre suprême et des fonctions suprêmes ; une immense puissance, il est vrai ; une puissance qui peut tout ordonner, tout faire, et peut-être bien au-delà de ce qu'elle pense : mais immense, comme non contestée, sur quoi repose-t-elle en effet ? Nous ne voyons que deux bases, vénération d'une part, lassitude de l'autre : nous n'apercevons point ces piédestaux de diamant que forment, nous ne pouvons trop le redire, de grandes corporations, une imposante noblesse, un puissant clergé, une vénérable magistrature, que forment enfin de vastes domaines royaux. Hélas ! faut-il le dire? nous voyons un trône pensionné, un monarque payé par ce trésor, qu'on n'appelle plus royal que par respect, bien ou mal, cher ou bon marché, ce n'est pas la question, et nous trouverions la dignité bien plus auguste et souveraine dans le plus grand seigneur de France avec trois cent millions de domaines, que dans le plus riche rentier de l'Etat, avec six cent millions d'inscriptions. Osons le dire, la vraie vénération, le véritable amour s'allient difficilement avec ces supputations pécuniaires. Le trône doit avoir et donner, non demander et recevoir. Ici l'Etat perçoit les tributs du peuple; le Roi reçoit une rente de l'Etat : mais le peuple qui subit le tribut est encore l'Etat qui octroye la rente..... Oh! vieil amour des Rois, vrai patriotisme de la France, vous ne fûtes point fondés sur ces bases stériles! vous sera-t-il donné d'y vivre, ou ne verrons-nous pas votre énergie perdre tous les jours de sa force, et descendre de calculs en calculs jusqu'aux froides abstractions de ce pays où on révère l'être moral appelé roi, en haïssant ou méprisant sa famille, quelquefois lui-même! Nous ne discutons point si ces abstractions sont un bien ou un mal pour l'Angleterre ; mais nous affirmons que la France n'est plus la France le jour qu'elle les pratiquera, et qu'un pays est perdu quand il cesse d'être lui-même. Revenons de cette digression dont l'intérêt nous a peut être emporté trop loin.

La puissance royale, quoique sans bornes, par le respect d'une part, et par la fatigue de l'autre, ne repose donc réellement que sur des sentiments, présence des bons, sommeil des mauvais ; elle est donc sans bases en même temps que sans limites. Il est beaucoup de ces bases que la main de l'homme ne suffit pas à reconstruire, car nous ne sommes plus aux temps de simplicité où de grands droits s'établissaient sans peine sur une grande ignorance. Aujourd'hui les lumières discutent et refusent, et on peut obtenir de la force une grande puissance, sans obtenir du cœur l'illusion qui l'éternise. Ainsi, une reconstruction indispensable et urgente se trouve en même temps pénible et douteuse. Au défaut d'anciens matériaux, il y faut donc saisir avec une avidité prudente, ceux que les circonstances et l'esprit du temps présentent ou permettent, et se hâter de les incorporer pour y trouver ces bases qui nous manquent.

Nous avons déjà présenté dans notre hypothèse les états provinciaux, non plus sous une figure mobile comme les conseils de département, éphémère comme les colléges électoraux, mais sous une forme corporelle et solide (1).

---

(1) On a peine à concevoir par quel système ou par quelle absence de système tout ce qui devrait être fait en haine de la révolution, semble au contraire être fait pour elle. Dans un pays où tout a changé pendant vingt-cinq ans, et où on ne variait

La représentation, dans cette même hypothèse, peut nous offrir encore les éléments d'un corps puissant et durable. Voilà des bases du trône sur lesquelles on peut commencer à bâtir.

On a demandé aux dépens de qui les chambres formeront leur puissance, et si ce ne sera pas aux dépens du Souverain même.

Le solution de ce problême résulte d'une seule considération. Si les représentants n'ont point comme assemblée une valeur intrinsèque, ils ne sont rien que le peuple même ; et le Souverain, en traitant avec eux, touche au peuple sans intermédiaire, C'est l'état de 1789. Alors il y a contact, lutte corps à corps, triomphe de l'un ou de l'autre, et pour résultat nécessaire, despotisme du peuple ou despotisme du prince (1).

---

pas moins en suivant la loi qu'en la brisant, que fait-on ? On change encore. Tout est mobile ; un ordre immuable condamne tout au mouvement, parlements, corps électoraux, conseils de département, etc. On tient sans cesse l'ambition en haleine ; on reveille à toute heure l'opinion publique ; on donne sans fin du nouveau ; on suscite tous les sentiments qui remuent ; et on veut les tenir agités dans un ordre perpétuel.

(1) Ainsi plus les formes seront mobiles, électives, fréquemment renouvelées, démocratiques ; enfin plus elles serviront le despotisme. On croit faire des sacrifices à la liberté du peuple, on n'en fait qu'à la puissance absolue.

Si, au contraire, les représentants ont une valeur intrinsèque et occupent une place permanente dans l'État, nous voyons se former en eux cette puissance double, corps de l'Etat d'une part, représentant de la nation de l'autre, dont la première partie sert de caution à la seconde. Alors le Souverain ne touche plus au peuple même, mais à une aristocratie qui subsiste par elle-même.

Et aux dépens de qui ce corps compose-t-il sa puissance, si ce n'est aux dépens du peuple à qui il retire l'usage de sa force, l'exercice de ses pouvoirs, dont il absorbe le mouvement, les volontés, et qu'il remet dans un plein repos et dans une propriété abstraite de cette puissance qu'il doit toujours avoir et jamais exercer?

Ce corps sera donc un rempart entre le Souverain et le peuple, mais construit aux dépens du dernier; et sa force, au lieu d'être dangereuse au Souverain, sera son plus solide appui. Ajoutons aujourd'hui son unique appui.

Certainement ces règles ont des exceptions. Dans les plus belles créations morales, l'homme est toujours là pour déroger aux principes ou pour les mal appliquer. Ainsi un Roi faible ou imprudent, une administration vicieuse, peuvent, ou laisser usurper, ou forcer d'usurper contre eux. Alors les corps institués pour défendre, peuvent opprimer ; mais au défaut d'eux, l'impéritie ou la faiblesse sauraient bien créer d'autres écueils pour s'y perdre, avec cette différence, que là où il n'y a point de corps, l'Etat périt et le trône avec lui ; au lieu que là où existe un corps puissant, une administration, un Roi même succombe, mais l'Etat reste. Le pouvoir est usurpé, mais non perdu ; le corps qui s'en empare conserve l'obéissance du peuple, l'empire de la religion, le nerf du gouvernement, l'ordre de l'administration, tout le trésor de la couronne enfin ; il les maintient avec force puisqu'il les a pris par force, et le dépôt reste intact pour être recouvré par le premier Roi qui sait l'être (1).

Remarquons enfin que cette clé de la voûte politique, ce corps intermédiaire qui soutient et résiste tout ensemble, est fondé lui-même sur une base impérissable, l'intérêt personnel, qui fait qu'un corps tend à se maintenir. Le Souverain ne peut attaquer le peuple ni le peuple le Souverain, sans que ce corps périsse avant que la lutte s'engage. Il est donc con-

---

(1) Ne perdons point de vue que si ce corps, qui usurpe le pouvoir, était une représentation, il ne le conserverait qu'autant qu'il serait fortement constitué, autrement le pouvoir passerait au travers, et irait se disperser dans le peuple.

traint à les tenir écartés et à les contenir dans leurs places pour se conserver dans la sienne.

§. V. *De l'esprit qui doit régner dans la représentation.*

Il est facile, mais oiseux, de définir l'esprit qui doit régner dans la représentation en expliquant le mot *doit* par le sens de devoir.

Il est moins facile, mais plus important, de le définir en expliquant ce même mot par le sens de nécessité.

Chez les Anglais il *doit* régner un amour général de l'Etat et de sa constitution, dans lequel se trouve impliqué le respect nécessaire du Souverain qui en est le chef. Il *doit* aussi régner une éternelle division, moins dans la manière de conduire la chose publique, que dans le choix des mains qui la conduisent. Ces divisions, victorieuses ou vaincues, ne font que changer les guides et n'affectent ni la machine ni sa marche. Si un tiers parti tendait à toucher, non aux rênes de l'Etat, mais à l'Etat même, toute division s'effacerait pour lui opposer un rempart. C'est que dans le parlement anglais il *doit* régner un grand esprit public puisqu'il est fondé sur des sentiments, des propriétés et des droits immémoriaux, et enfin sur l'incontestable intérêt personnel de chacun.

Chez les Français il *doit* régner (sauf les exceptions qui resultent de circonstances irrégulières) un amour général du Souverain, dans lequel se trouve impliqué le respect nécessaire de la constitution qui est son ouvrage. *Il doit* aussi régner une grande division, moins dans le choix des mains qui conduisent la chose publique que dans la manière de la conduire : d'une part des systèmes monarchiques sous des formes opposantes; de l'autre, des idées revolutionnaires, soit *libérales*, soit despotiques, sous des formes monarchiques. La dispute en Angleterre s'arrête à la forme ; il y a dévouement à la charte et la charte soutient le Roi. La dispute en France va au fond ; il y a dévouement au Roi et le Roi soutient la charte. Les éléments de durée abondent dans la première plus que dans la seconde.

Nous avons prononcé le mot d'*idées libérales*, et, au hasard de risquer une digression, c'est peut-être ici le lieu d'examiner si ce qu'on entend par ce mot peut avec avantage avoir cours dans une monarchie et dans ses assemblées représentatives.

Ce mot a été détourné de son vrai sens, et,

quoiqu'il ne soit pas né dans les orages de la révolution, il a subi cette espèce de dégradation qu'ont éprouvée plusieurs bons termes et plusieurs bonnes choses qui se sont vues repoussées pêle mêle en haine de leur naissance, innocents condamnés pour avoir hanté les coupables.

Les idées libérales, dans leur vrai sens, ont la même acception que les arts libéraux; elles doivent élever l'esprit, émanciper l'ame et l'affranchir de la glèbe, pour lui donner un essor plus sublime. L'usage en est donc noble et beau, et l'abus prochain et dangereux.

On interprète aisément à routine les lois, les règles et les principes; on explique facilement la liberté en licence: beaucoup d'hommes ont donc dû se croire ou s'arroger des idées libérales. Ces hommes étant devenus par une succession naturelle les plus fervents apôtres du despotisme, ils ont transplanté les idées libérales sur ce sol étranger, et aujourd'hui, indigènes ici, hétérogènes là, elles ou leur copie se trouvent répandues à travers toutes les nuances du parti jacobin; soit que fidèles à leurs principes, ils aient haï le despotisme comme ils haïssent la monarchie; soit que, serviles en pratique et libres en théorie, ils aient servi le despote avant de servir le monarque, et perpétué leur puissant esclavage de règne en règne, et de serments en serments.

Ne nous étonnons donc pas de voir imputer les mêmes idées aux systèmes en apparence lesplus contradictoires. Buonaparte lui-même s'est cru des idées libérales.

Mais examinons franchement si le mérite de ces idées compense l'abus qu'on en peut faire, et prenant la question assez en grand, pour pouvoir espérer de la résoudre, regardons si les idées qu'on appelle libérales mènent les États à leur prospérité ou à leur ruine.

Nous avons dit que l'acception du mot *idées libérales* ne présente pas à l'esprit des contours fixes et déterminés: l'imagination peut la nuancer, la modifier, l'étendre ou la resserrer; le meilleur moraliste ne parviendrait pas à l'enfermer dans une définition suffisante.

L'application du principe est nécessairement aussi arbitraire que sa définition, avec la différence de danger qu'il y a, de mal penser à mal faire.

Ainsi, par exemple, tendre à instruire le peuple est une idée libérale : on l'applique utilement quand on l'instruit, comme en Angleterre, à aimer sa religion, à respecter ses supérieurs, à observer les lois de son pays; enfin à lire, écrire et compter, de manière à prospérer dans ses affaires. On l'applique d'une manière perverse quand on l'instruit, comme on l'a vu faire en France, à connaître ses droits, à ignorer ceux des autres, à tout ambitionner, et enfin à nourrir son esprit d'idées plus hautes que sa fortune.

Et vous remarquerez facilement, si vous interrogez votre instinct, votre plus intime sentiment, que par *idées libérales* vous entendez une pensée qui se dégage de vos principes fixes, qui s'élève de leur sol positif vers une région plus élevée, et qui, en général, vous hausse au-dessus de vous-même.

Tout vague qu'est ce sens, car son essence est d'être vague, c'est le seul véritable, et celui qu'on trouve au fond de sa pensée quand on l'y cherche avec quelque attention.

Or ce peuple anglais qu'on instruit, l'est en vertu d'idées libérales sans doute, mais il n'a point d'idées libérales, c'est-à-dire d'idées qui l'élèvent au-dessus de sa hauteur naturelle; il n'en a point ce peuple qui reste si religieusement, si immuablement à sa place, et qui ressent sans gêne et sans ambition le rang de tout ce qui lui est supérieur (1).

---

(1) Étant à Londres, une affaire me conduisit chez le commissaire de police de mon quartier. Il me fit poliment entrer

Le peuple français, au contraire, a des idées libérales; et faut-il ajouter que quand les idées qui élèvent sont dans la tête de tous, le salut de tous est compromis.

S'il est vrai que par leur vague limitation ces idées sont susceptibles de s'étendre, de se resserrer, de se proportionner enfin, il faut donc que leur force ou leur nombre soient en raison inverse du nombre de têtes qu'elles affectent; protectrices chez le maître, destructives chez l'esclave; elles doivent être nulles chez la foule, rares dans la classe supérieure, et s'étendre ainsi davantage à mesure que le nombre se resserre. L'idée de liberté absolue n'est sans danger que dans la tête du maître absolu.

Encore faut-il dire que, même dans des personnes d'un rang élevé, ces idées ne sont pas

---

dans son bureau intérieur. Quelques hommes bien mis s'y chauffaient assis; il ne restait point de chaise. Il prit un d'eux en riant par les épaules, et lui dit: « Cède ta place à ce Monsieur, *to this Gentleman.* » Cet homme se retira modestement: je me confondis en excuses auxquelles il répondit tout simplement: « *Never mind, Sir, j'm not a Gentleman,* ne faites pas attention, je ne suis pas un Monsieur. » Ce trait peindra tout le peuple anglais si on ajoute, qu'en pareille occasion, un portefaix aurait eu pour cet homme la même déférence qu'il voulait bien avoir pour moi.

exemptes de danger pour elles ou pour les autres; leur interprétation arbitraire peut y servir de texte à l'ambition pour l'affranchir des freins positifs et des lois réelles en faveur d'une exaltation chimérique; c'est dans ce sens que Buonaparte, dont les *grandes pensées* étaient des idées libérales, plaidant la cause de l'usurpation d'Espagne par des motifs de la plus haute politique spéculative, contre M. d'Escoiquitz qui la repoussait par des raisons toutes simples de morale et d'équité, lui disait : « Vous n'avez pas d'idées libérales. » C'est dans ce sens que Machiavel les eût appliquées aux principes de César Borgia; c'est dans ce sens encore que les Carrier, les Fouché, travaillant par d'innombrables massacres à réduire la population d'un empire trop peuplé, les eussent appliquées à ce grand œuvre d'économie politique. En général, partout où un mal certain a pour motif un bien indéterminé, partout où une calamité prochaine a pour excuse un bonheur éloigné, partout où les vivants souffrent pour la postérité, et où le présent meurt pour l'avenir, il y a idées libérales : on doit s'en défier; le mal est positif et le bien douteux s'il n'est chimérique.

Il est encore un danger des idées libérales dans les têtes élevées; c'est d'y exalter au-delà des justes bornes les principes qui tendent à élever les petits; principes que la nature n'a point fait pour la tête des grands, et que la religion, qui ne leur apprend qu'à les aimer et protéger, ne leur a jamais enseignés. Mais quoi! cette espèce d'abnégation qui, d'abord, se présente au moins comme une vertueuse folie, qu'est-elle au fond? Elle n'est, hélas! que trop conforme au vrai sens des idées libérales, d'élever l'homme au-dessus de sa véritable hauteur. Quand, il y a trente ans, des grands aspiraient à descendre pour élever la foule, que faisaient-ils, que mettre la gloire du sacrifice à la place de l'éclat des titres, l'honneur des pensées philosophiques avant les prérogatives du rang, l'orgueil de descendre à la place de l'orgueil de monter? La suprême gloire d'un prince, le dernier éclat d'un Roi, fut alors d'être parvenu à mépriser sa place, et à s'ériger en préjugé. Les plus sages, en en accueillant la pensée, en écartèrent l'application; mais on connut leur idée intime. Ils eussent été plus vraiment sages, s'ils eussent été rois de pleine conscience, et qu'ils l'eussent cru eux-mêmes, au lieu de dire à leurs peuples : « Obéissez, car » Dieu nous fit vos maîtres; mais pour nous, » nous avons trop de lumières pour le croire. » Les peuples ont plus appris qu'on ne leur en disait, et les idées libérales du despote Frédéric ont fait prendre Berlin, comme celles de l'autocratrice Catherine ont fait brûler Moskow (1).

Et cependant, de nos jours, les idées libérales plus resserrées, il est vrai, dans leur application, subsistent en France et germent en Europe. Beaucoup de gens s'en font un bouclier, d'autres un beau manteau; des hommes de bonne foi aspirent à les régler pour les employer au bonheur des peuples; chacun, parmi ceux qui pensent, en a quelques-unes dans la tête. Peut-on véritablement les employer? mènent-elles à un but ou à un précipice? On nous dira que nul bien au monde n'est sans excès, et qu'on resterait dans la nuit d'un mal éternel, si la crainte de l'abus arrêtait sur l'emploi du bien. Nous en convenons sans peine, et cela est juste, partout où ce bien a des règles positives qui captivent l'esprit humain et l'empêchent d'en franchir les limites. Les idées libérales sont-elles de ce nombre......? Ici on s'at-

---

(1) C'est une chose triste à dire, et qui rabaisse l'humanité; mais elle est vraie comme notre néant : qu'un sot seigneur, plein de son importance, était utile à la société, parce qu'il concourait, pour sa part, à y maintenir l'ordre et le rang; et qu'un grand, homme d'esprit, qui méprisait ses titres, lui était nuisible, parce qu'il désertait son poste et affaiblissait son armée.

tend à nous voir répondre, *non*, et à nous taxer d'éteindre les lumières. On se trompe; nous répondrons au contraire, *oui*, oui, les idées libérales sont de ce nombre. Elles peuvent aussi recevoir un régulateur; mais elles sont trop élevées pour le trouver sur la terre; c'est au ciel qu'il faut le leur chercher. La religion seule leur est un guide et un frein suffisant; ou, pour mieux dire, elles sont toutes dans la religion; c'est s'égarer que de les chercher ailleurs. Vous, qui les accueillez de bonne foi et avec une pure conscience, au lieu de les chercher hors du ciel, et même en guerre avec lui, cherchez-les dans les dogmes de la foi chrétienne; c'est elle qui vous élèvera au-dessus de vous-même sans vanité; qui vous fera mépriser votre rang sans faste, et votre fortune sans orgueil; qui élèvera les petits dans votre esprit, et vous rendra leur égal sans sophismes; c'est elle enfin qui vous fera travailler au bonheur, à l'instruction et à la fortune du peuple, sans le mener à l'ambition et à la folle science, sans détruire et lui et vous-mêmes. Toutes les fois qu'une vertu est vague et spéculative, elle devient vice chez l'homme, si une main céleste n'intervient pour lui assigner des bornes. Il n'est point dans l'humanité de les poser et de les connaître.

CHAPITRE IV.

Des influences qui agissent sur les assemblées représentatives.

Deux espèces d'influences peuvent agir sur une assemblée.

Les premières sont légitimes, même nécessaires, souvent louables. Elles entrent dans le système représentatif comme éléments conservateurs. La loi ne les statue pas, mais elle les tolère ou les approuve.

Les secondes sont illégitimes, quelquefois coupables, trop souvent inévitables. Elles sont placées hors du système représentatif qu'elles combattent.

En Angleterre, l'opinion publique, le droit de pétition du côté du peuple; du côté du Souverain, le crédit du ministère, les places dont il dispose, les récompenses qu'il donne ou promet, exercent sur les chambres une influence utile, constante et calculée qui entre indispensablement dans la balance des pouvoirs. Le résultat en ennoblit le motif, et nous offre ce grand exemple d'un pays si sagement administré, que le mal même est contraint d'y produire le bien.

Il est probable que dans toute monarchie représentative, les choses, par la pente naturelle de l'intérêt personnel, iront là et non plus loin, si le Souverain n'a pas des voies d'influence qui rompent la balance (1) en allant jusqu'à la contrainte.

Dans un pays, au contraire, où les représentants, livrés à leur propre conscience, siégent et votent en individus, et ne savent pas lier ces conspirations légitimes dans lesquelles chacun échange son opinion privée contre une opinion solidaire, le gouvernement n'a pas besoin de diviser ce qui n'est pas réuni : le Souverain peut donc y économiser, au profit de la morale publique, les moyens qu'il prodigue ailleurs. Ces moyens sont dans le système représentatif en Angleterre ; ils y sont utiles. Ils en seraient dehors en France ; ils y seraient donc nuisibles.

D'ailleurs, nous ne parlons de l'Angleterre, à laquelle chaque pas ramène nécessairement dans un ouvrage sur la représentation,

---

(1) Nous devons observer ici, et une fois pour toutes, que nous ne nous servons du mot de *balance* que pour nous conformer à l'usage et aux idées ordinaires : car nous pensons et avons déjà dit qu'il n'existe point entre les hommes de balance réelle dans le sens d'*équilibre*, et que c'est toujours *un* qui l'emporte et gouverne.

que pour offrir un point de similitude ou d'opposition d'où jaillisse la lumière, et non pour présenter un modèle ; car chaque peuple a un type qu'il ne faut pas briser. On ne peut savoir comment agirait la France dans cent vingt-huit ans, si la représentation survit de cent vingt-huit ans sa révolution ; mais, quant à-présent, ce système d'abnégation de ses sentiments, d'amalgame de ses opinions, blesse la conscience du Français, gêne sa vivacité ou révolte sa franchise. En France, on engage ses actions, mais non pas sa pensée.

Mais au défaut des influences qui s'exercent utilement en Angleterre, il peut en exister ici d'un autre genre, influences naturellement en harmonie avec des hommes qui marchent épars et sans guide, en ce qu'elles sont simples et naturelles, comme les autres sont en harmonie avec des hommes qui marchent serrés sous des chefs, parce qu'elles sont savantes et compliquées.

Nous placerons au premier rang l'amour du Roi, nous disons ici l'amour du *Roi*, car le Souverain est partout un être abstrait ; mais le *Roi* est un être positif, qu'en France on aime et révère: abus fort cher aux Français, et qui, pour le dire en passant, promet peu de poids à leur représentation, s'ils ne parviennent pas à s'en corriger pour se procurer le stoïque bonheur d'aimer une charte au lieu d'un homme (1).

Nous disons l'amour du *Roi*, la vieille vénération pour l'antique royauté, influence d'un si énorme poids, que partout où un grain de ce sentiment tombera dans la balance, il emportera des quintaux d'opinions opposées. En Angleterre, le nom du roi, la personne du roi sont couverts d'un rideau respectueux ; ils n'apparaissent point dans les discussions ; c'est, dit-on, pour ne pas compromettre la majesté royale ; mais si ce nom n'y paraissait que pour les decider par son poids, son intervention rehausserait sa dignité au lieu de la dégrader. Non, c'est que réellement il n'y influerait pas sur les opinions, et que dès lors on doit lui sauver l'affront de paraître sans se faire respecter.

En France il en serait autrement, et le ministere prouverait qu'il y connaît les hommes, si, en même temps qu'il prétendrait être compact et solidaire, ce qui est anglais, et le mon-

(1) Tout Français doit aimer le Roi et respecter la charte ; tout Anglais doit aimer la charte et respecter le Roi. Quiconque d'entre eux intervertira cet ordre, sera, ou un mauvais Anglais, ou un mauvais Français.

tre seul aux regards des chambres, il y présentait incessamment le nom et la pensée du Roi, ce qui est français, et le met à l'abri des attaques derrière une opinion sacrée, se montrant ainsi seul pour attaquer, et étayé du trône pour se défendre.

Ce respect royal peut aller si loin (et c'est peut-être l'abus du plus beau des principes), que, non content de couvrir des propositions pénibles à une chambre, il couvre encore des ministres qui lui seraient opposés, renferme leurs plus vifs adversaires dans un cercle de modération, et érige la plus légère attaque en viol de la paix et des bienséances; au lieu qu'en Angleterre les dénonciations les plus vives, les critiques les plus amères, sont de l'essence des discussions parlementaires. Nous ne prétendons pas juger si des sentiments plus chrétiens sont ou non mieux appropriés ailleurs; mais nous pensons que, là où ces sentiments règnent, un ministère solidaire est inutile et une représentation précaire, à moins qu'elle ne soit composée d'hommes dont l'importance préserve leur modération d'être expliquée en faiblesse. Croit-on, par exemple, qu'un ministre ou un ministère érigerait une critique en insulte, une contradiction en révolte, si la chambre d'où elles partent était, comme celle des communes, composée de tout ce qu'il y a de plus grand dans l'État ? Plus le poids de la chambre serait grand, plus l'offense serait légère.

D'autres influences agissent encore sur les hommes assemblés, et si ces hommes étaient des Français, nous dirions qu'elles les gouvernent. Ce sont l'honneur, la conscience, l'enthousiasme, tous ces sentiments généreux, mais spontanés, qui peuvent mettre un corps à la merci d'un homme, et qu'un grand talent dirige ou égare; sentiments vifs, prompts, épars, sans calcul et sans guide, qui donnent aux assemblées une forme déréglée, mais qui sont inhérents aux Français divisés, bien plus aux Français unis, et qui excluraient plus aisément la représentation (au moins sous de certaines formes) qu'ils ne seraient exclus par elle. D'ailleurs ces apparences légères, qui peuvent repousser le coup-d'œil superficiel, se montrent à l'observateur comme le vestibule d'un édifice de mœurs dont la base est plus solide que la forme. Enfin, il est vrai de dire que ces influences sont beaucoup moins puissantes quand on revient de l'erreur que quand on y va; qu'on a bien moins d'enthousiasme dans la vérité qui est une et positive, que dans l'erreur qui est vague et infinie ; que les talents qui entraînent se trouvent bien moins dans l'orateur d'une assemblée raisonnable que dans celui d'une assemblée en délire; et que, s'il est vrai que les Mirabeau font faire plus de chemin que les Burcke, il l'est aussi que les premiers ne se rencontrent qu'au commencement des révolutions, pour les allumer, et les seconds à la fin, pour les éteindre.

Nous parlerons d'une troisième nature d'influence qui offre un important sujet d'examen; c'est celle de l'opinion publique.

Il est des hommes qui respectent l'opinion; il en est qui la bravent. Cela annonce ordinairement, dans les premiers, qu'ils ont droit de s'en louer, dans les autres qu'ils ont sujet de s'en plaindre. Les hommes dont la critique médit, médisent toujours de la critique; celui que l'estime des autres délaisse, ne manque pas de se faire une estime personnelle; mais ces contempteurs de l'opinion publique trompent, ou eux-mêmes, ou les autres : on repousse toujours l'injure; et, si on se dit au-dessus d'elle, c'est qu'on croit le dédain une meilleure arme que la colère. C'est d'ailleurs une fâcheuse émancipation pour l'homme que de s'affranchir du jugement d'autrui; celui qui croit toutes ses causes commises à son propre tribunal, trouve bientôt la loi de connivence avec ses passions, et prononce comme on le fait quand on est juge et partie.

L'homme qui méprise l'opinion publique, n'est donc point l'homme de la société; car elle est utile et nécessaire aux hommes. Mais de quoi se compose l'opinion publique ?

Le poids y est ordinairement en raison inverse du nombre. Il est difficile d'indiquer le point où elle est assez étendue pour être publique, sans l'être assez pour être insensée. Si on suppose un petit nombre d'hommes considérables, libres, éclairés et placés hors de la sphère des partis, leur opinion sera calme, uniforme et désintéressée : il faut la consulter et la croire.

Si on suppose, au contraire, l'opinion, ou les opinions de la foule sans considération, sans liberté, sans lumières, sans cautions civiles et morales et retentissant dans des temps d'orage, il faut la diriger ou la faire taire.

L'avis de la multitude n'est pas plus la voix de l'État, que l'empire de la multitude n'est son gouvernement. L'adage, *vox populi*, *vox Dei*, n'appartint jadis qu'aux petites démocraties où le peuple était le seul monarque à flatter; il y signifiait l'empire absolu de cette voix et non son empire légitime. Dans une monarchie, *populus* est le peuple représenté par ses chefs ; tout le reste est *plebs*, lequel ne compte partout que par ses bras et nulle part par sa tête.

Il est une autre opinion publique, moyenne pour ainsi dire entre les deux premières, moins éclairée que l'une, moins inepte que l'autre, et toutefois plus dangereuse en ce qu'elle se fait écouter ; opinion qui a, bonne ou mauvaise, un grand ascendant sur les assemblées : nous voulons parler de celle des sociétés ou de celle qu'on appelle dans une capitale, opinion des salons.

Pour acquérir cet éclat, ce haut bruit où nous la voyons parvenue, cette opinion demande le concours de deux choses : l'une est le grand nombre des opinants, l'autre le mélange des hommes qui ont part à la chose publique. Sans cela, d'un côté ces hommes isolés de la société discutent et agissent en paix, de l'autre les salons séparés d'eux se font d'autres matières d'intérêt et de conversation. Ainsi jusqu'aux jours de la révolution, à cela près d'un peu de cet esprit de révolte, qui commençait à faire de chaque individu un précepteur de l'État et des rois, la littérature, la morale, les sciences et tout ce qui fait le charme et l'honneur de la vie, défrayaient la conversation des salons de Paris, et en faisaient cette société sans monotonie, quoique sans désunion, dont l'urbanité servait de modèle et de précepte à l'Europe.

Mais aujourd'hui, chaque homme public prépare la matinée qu'il donne à l'État par la soirée qu'il donne au monde; et ce monde qui les endoctrine a dix opinions de conscience et cent d'intérêt privé.

Les uns ont servi ou gouverné l'enfance de la révolution, et dix nuances distinguent entre eux ceux qui ont abdiqué plus tôt ou plus tard, jusqu'au moment où la folie s'est érigée en crime. Une seule conformité existe entre ces hommes; c'est que chacun d'eux est resté opiniâtrément fixé au point où il s'était arrêté, ne voyant dans les malheurs qui l'ont suivi que le torrent qui a renversé son édifice et non le torrent dont il a renversé la digue. Les autres, nés depuis, ou spectateurs alors, n'ont point à lutter pour légitimer leur vie passée; mais, s'ils n'ont pas planté l'arbre, ils en récoltent les fruits, et marchent par un instinct d'ambition ou de licence dans la route où les autres marchent par une erreur orgueilleusement enracinée.

Ceux-ci ont servi la tyrannie par un reste de goûts républicains; ceux-là par une pente naturelle au despotisme: plusieurs ont déserté leur parti pour accroître leurs richesses, ou se sont vus contraints de sacrifier les débris de leur cause pour sauver ceux de leur fortune, ou ont été enrôlés par faiblesse ou contrainte dans l'antichambre et dans les armées. Tous y ont vu le crime sous des formes humaines: tous l'y ont vu, non plus à distance proportionnée, dans son vrai jour et tel qu'il comparaîtra devant l'histoire; mais causant, mangeant, buvant, fait homme enfin, et homme doré et adoré: leur horreur y a perdu de sa force et leur conscience de son intégrité; car enfin le crime sociable est bien plus mortel à la société où il s'infuse que le crime atroce qui s'en sépare; le crime qui la séduit et la paye la détruit bien plus vite que le crime qui la tue.

D'autres ont suivi la bannière royale dans la détresse et l'exil. Ils ont combattu et souffert pour elle, et ont conservé loin d'une terre rebelle des sentiments purs et intègres: mais quelques-uns d'eux n'admettent aucune modification pour ce que vingt-cinq ans de malheurs peuvent exiger de sacrifices.

D'autres, exilés volontaires dans leur propre patrie, y ont gardé loin de la contagion la foi de leurs premiers serments. Ils ont amassé dans la retraite des idées fortes, une expérience passive, la seule sage dans les temps de délire, et un sentiment douloureux, mais exact, des sacrifices que la paix de l'Etat exige.

Quelques-uns, transportant le despotisme d'un tyran sur le trône d'un Roi, veulent à la fois faire régner la monarchie par des principes révolutionnaires, et tout plier, sans examen, sous une volonté ministérielle, champions à outrance d'un système qui n'édifierait rien que leur propre grandeur.

D'autres, naïvement et sans réflexion, mais consciencieusement à genoux devant la lettre implicite de la volonté royale, vont, par la religion et le devoir, au même but où les premiers tendent par leur propre intérêt.

Ceux-ci distinguent entre le présent et l'avenir, entre le Roi et la monarchie, entre l'autorité ministérielle et la volonté royale, et aspirent à affermir le trône par des principes monarchiques plutôt que par une force locale et momentanée.

Ici on veut renaître en 1788.

Là on épouse toute la révolution.

Ici on se taille sur le patron de l'Angleterre.

Là on fuit jusqu'à ses moindres exemples.

Maintenant établissez en contact toutes ces opinions divergentes. Joignez-y la mobilité sociale, la facilité de penser et de parler en faisant abstraction de l'âge et de l'expérience, l'orgueil content des uns, l'orgueil blessé des autres, l'ambition d'un grand nombre...... Et au milieu de cette mer agitée jetez, non pas comme arbitres et modérateurs, mais comme amis, comme hôtes, souvent comme disciples, des hommes à qui est confié le destin de l'Etat; tels seront les conseils où s'élaboreront leurs travaux. L'assemblée nominale siégera dans les salles parlementaires; la véritable assemblée votera dans les salons.

Il importe qu'un corps politique soit écarté de ce tumulte et concentré en lui-même par une organisation qui rapproche et consolide ses membres, les retire de la foule, ou cesse de les y placer comme des hôtes passagers, des provinciaux flattés d'être recherchés du grand monde, faciles à y séduire, complaisants à s'y laisser diriger, sans consistance enfin. Il importe que leur état, leur considération, leur durée, les élève au-dessus de ces influences mobiles, que leur opinion instruise au lieu d'être instruite, régente au lieu d'être régentée : autrement le monde est renversé; les salons gouvernent; leur pensée du soir devient une loi du lendemain, et c'est ainsi que l'opinion peut se dire véritablement la reine du monde.

Si donc nous habitions un pays où, soit la

faiblesse de la volonté, soit la force des circonstances (mot si commode pour donner à l'homme un maître qui n'est pas Dieu et qui légitime ses fautes), condamnât la représentation à une forme mobile et sans dignité; alors si nous ne pouvions l'isoler, la fortifier au milieu de la capitale, et l'y placer comme dans une citadelle d'où elle imposerait à ces rumeurs légères, nous serions obligés de soustraire sa faiblesse à un danger qu'elle ne pourrait vaincre. Ce ne serait plus alors dans la plus grande ville du royaume que nous en placerions la puissance. Nous penserions que ce rapprochement, qui paraît similitude à l'œil, est réellement contraste à l'esprit. Nous ne mettrions point ce qui doit être indépendant là où il y a le plus d'influence, ce qui doit être fort là où il y a le plus de résistance, ce qui doit être *un* là où il y a le plus de division, enfin ce qui doit être réfléchi là où il y a le plus de dissipation. Nous réformerions cette vieille erreur d'un temps où ce n'était point des députés, mais la capitale qui gouvernait; qu'il importe au poids et à l'autorité du gouvernement que son action émane du centre, comme si le centre n'était pas le gouvernement même et non une grande ville du royaume, erreur qui fait qu'aujourd'hui il suffit de prendre une ville pour prendre un empire (1).

Celui qui énonce une telle opinion sera lui-même, ou son idée, plus en proie que toutes les discussions à la critique des salons, à moins que quelques-uns ne lui préfèrent le mépris. En effet, cet avis réunit plus d'une condition d'anathème : 1°. Il est étrange ; car toute proposition paraît telle quand elle sort, bonne ou mauvaise, de l'ordre d'idées qui a actuellement cours dans la société, jusqu'au temps où elle y rentre et arrive à être assez répétée pour redevenir familière : l'idée d'abattre tous les principes monarchiques eût paru fort étrange sous Louis XIV ; celle de les reconstruire paraît fort étrange de nos jours : peut-être nos neveux trouveront-ils fort étrange qu'on ait hésité sur une pareille question, si toutefois cette hésita-

(1) Par quel privilége une ville de 600 mille ames maîtriserait-elle un empire de 25 millions d'hommes, lorsqu'en Angleterre une ville d'un million d'habitants n'exerce aucune influence sur un pays qui n'en contient que 13 millions ? La première est le cinquantième et la tête ; la seconde le treizième, et n'est qu'un membre. Cet abus subversif de l'empire, et qu'on ne saurait trop méditer, trouverait un grand appui dans un pays où tout serait pauvre et morcelé, dans un pays où la loi agraire, exercée pendant vingt-cinq ans, et encore en pleine vigueur, travaillerait sans relâche à affermir l'ascendant de la capitale.

tion ne nous empêche pas d'avoir des neveux. 2°. Elle est en révolte ouverte contre la toute-puissance de la capitale : elle sera donc jugée, et par conséquent condamnée par le tribunal qu'elle attaque. Préférer la monarchie à l'olygarchie, et un pays à une ville, est une imprudente entreprise à qui est justiciable de la dernière; mais cette balance que le juge porte à la main, le justiciable l'a dans le cœur; et peu lui importe d'être crucifié devant l'opinion, s'il est absous par sa conscience.

CHAPITRE V.

De la division.

Nous parlerons d'abord de la division dans les assemblées ;

Ensuite de la division entre les assemblées ;

Enfin de la division entre la représentation et le ministère.

Qu'arrivera-t-il si tous les membres de la représentation sont d'une seule opinion ?

A moins que le ciel n'ait donné à chacun de combiner au plus juste ce qu'il doit aux deux parties de l'État, le souverain et le peuple, et de marcher sans dévier entre les deux, ils seront tous pour un parti ou pour l'autre ; et il resultera du concert absolu dans des sentiments exclusifs, que l'État ira sans obstacles et par le plus droit chemin, soit à la démocratie, comme dans les assemblées de la révolution française, où il y avait unanimité de fait (1), soit au despotisme, comme dans les assemblées

(1) Comme cela est partout où la minorité, dénuée d'espoir, perd sa valeur facultative.

de Buonaparte, où la servitude tenait lieu d'unanimité.

Comme il est inutile d'avoir des chambres pour arriver à l'un de ces résultats, et que l'on y parvient plus simplement avec un arsenal mis dans les mains de tous, ou dans la main d'un seul, il est évident que le législateur ne crée un parlement que pour obtenir un équilibre; or cet équilibre résulte de la balance de deux sentiments opposés. La nature, au lieu de faire un miracle pour placer cette balance dans chaque individu, l'a créée tout simplement en jetant dans les assemblées un nombre plus ou moins égal d'hommes de chaque parti.

Nous concluerons donc qu'une assemblée, destinée à maintenir l'équilibre politique, ne peut le faire que par sa propre division; que cette division y est indispensable, et que la paix cesserait dans l'État le jour que la guerre cesserait dans l'assemblée.

Mais expliquons cette guerre. Elle sera régulière : tous les efforts humains tendront à lui donner le plus possible des formes de la paix, à égaliser et entretenir les armées, à les civiliser pour qu'elles combattent sans grandes défaites et sans vives animosités; car si la guerre est violente, si elle est inégale, si la victoire affecte éternellement un parti, si l'espérance abandonne l'autre, et qu'il cesse de pouvoir se faire craindre ; la paix est faite par le droit du plus fort ; un seul parti règne ; il y a unanimité dans l'assemblée et changement de système dans l'État.

Ne perdons point de vue que nous parlons d'un État régulier, et de ce qui peut tendre à l'intervertir. Dans ce cas, il faut une balance pour qu'il ne le soit ni par un extrême ni par l'autre. Nous dirions le contraire, s'il s'agissait d'un État interverti où on ne combat plus dans l'État, mais pour ou contre l'État, car, la balance (1) ayant pour but de le maintenir tel qu'il est, dans le premier cas elle maintient sa régularité, et dans le second elle maintiendrait sa ruine.

Plus un pays est vaste, compact et riche, plus il se gouverne par des principes de repos : par conséquent il importera dans un tel pays, plus encore que dans tout autre, que la division de ses représentants soit modérée et circonscrite dans des bornes prévues.

Ainsi, plus l'assemblée aura de durée, plus les mêmes têtes s'y perpétueront, plus ces

---

(1) Nous répétons que nous n'entendons pas par *balance*, équilibre ; mais cette balance, à poids inégaux, qui permet à la fois un plus fort, *la majorité*, pour avoir l'*unité*, et un plus faible, *l'opposition*, pour avoir *contre-poids*.

têtes auront d'âge, de richesses et de considération, et plus la division s'atténuera. Elle s'atténuera plus encore si on suppose une assemblée qui, au lieu d'avoir pour mobile unique l'intérêt de l'État, y joigne cet intérêt de corps qui rallie tous ses membres à une seule pensée par un but commun. Si vous veniez même à supposer que, dépassant ces bornes, ce corps en vînt à être, comme les anciens parlements, plus fortement composé dans son amalgame de son intérêt privé que de l'intérêt public, la division pourrait en disparaître tout-à-fait, parce que les pensées de chacun n'iraient qu'à l'esprit de corps; mais aussi vous n'auriez qu'une représentation nulle ou imparfaite, et, comme nous l'avons dit, l'État aurait changé de système.

Nous venons de parler de la division dans une assemblée représentative.

Il en est une autre qui, au premier coup-d'œil, semblerait devoir être le sujet d'un examen : c'est celle qu'on supposerait pouvoir naître entre deux chambres du même parlement.

Toutefois nous écarterons cette question, par la raison qu'on ne peut admettre, dans un ordre donné, une supposition qui lui est contradictoire. Nous traitons ici des éléments par lesquels agit la représentation, et non de ceux par lesquels elle se dissout : or, le gouvernement représentatif ne peut subsister partout où les deux chambres ne feraient pas un seul être en deux personnes (1), partout où il n'y a pas

---

(1) M. de Calonne, proposant au Roi l'établissement d'une chambre-haute et d'une chambre-basse (*Lettre adressée au Roi par M. de Calonne, le 9 février* 1789), faisait, sur celles d'Angleterre, cette judicieuse observation :

« Il est constant que rien ne contribue davantage à l'accord » qui règne en Angleterre entre tous les rangs que l'institution » d'une chambre-haute et d'une chambre-basse dans le par- » lement, ainsi que leur composition respective, les distinc- » tions qui les séparent et les rapports qui les unissent. Plus » on étudie cet ensemble, plus on trouve à l'admirer. Les » lords qui forment la chambre-haute, et qui tous sont titrés » (ce sont les seuls qui le soient en Angleterre), partagent » dans une même association, sans préjudice néanmoins à leurs » qualifications distinctives, l'honneur de la pairie; et c'est sans » contredit le premier corps de l'État. Leur prérogative n'est » jamais contestée ni enviée par les communes, qui ont, par- » mi leurs membres, les fils cadets, les frères, les parents de » ces mêmes lords, et des plus grandes maisons du royaume. » C'est ce mélange, cette transfusion, si je puis le dire, de la » plus haute noblesse dans le corps représentatif du peuple qui » entretient l'harmonie entre l'un et l'autre, et qui resserre le » nœud de leur union. C'est ce qui fait que les deux chambres » fraternisent sans se confondre; qu'elles se contrebalancent » sans se rivaliser; que l'une empêche l'autre d'empiéter; et que » toutes deux concourent également au maintien de la préro- » gative royale et à la conservation des droits nationaux. »

une fusion complète de l'une dans l'autre, partout enfin où, au lieu d'une division correspondante dans chaque chambre, il y aurait division d'une chambre à l'autre, en sorte que la minorité de l'une serait la majorité de l'autre.

C'est une erreur très commune et naturelle, en ce qu'elle se présente sous des formes d'adage et de bon sens aux esprits d'une moyenne profondeur, que le système de division entre deux chambres, dont l'une jeune, ardente et ambitieuse, entreprend et attaque; l'autre âgée, expérimentée, et ayant vu le bout de la fortune et de l'ambition, défend et résiste. Cela semble clair au premier aperçu: cependant, en fait de grandes questions, et qui ne sont pas faites pour être posées, conçues et résolues sans peine, il est vrai de dire qu'on doit se défier des arrangements qui se présentent d'emblée si naturellement à l'esprit; leur nature n'est point d'etre faciles, et s'ils se font tels, ils sont hors de leur vrai caractère, et il y a une erreur derrière.

En effet, il ne manque qu'un point à cette conception, c'est l'exécution.

Et d'abord, pour considérer les choses personnelles, nous ne voyons point à un homme, ou à un corps vieux et moderé, de moyens efficaces en lui-même pour contenir un homme, ou un corps jeune et ambitieux. Si nous sortons des raisons personnelles pour considérer les raisons d'État, on nous dira peut-être que le corps des sages sera composé d'hommes d'une consistance immense en famille, puissance, richesse et dignités. Tant mieux, et c'est sans doute une louable intention de vouloir le faire tel un jour; mais supposons ce jour venu; de quoi maintenant composerez-vous le corps des ambitieux? de deux choses l'une; ce sera, ou d'hommes qui n'ont rien ou peu de chose, ou des hommes les plus puissants et les plus considérés, seulement un degré au-dessous des premiers. Dans le premier cas, leur ardeur indigente ne s'occupera que d'une grande faim à assouvir, soit au service des pairs, et ils deviendront leur basoche; soit à leurs dépens, et ils deviendront une nouvelle assemblée constituante. Il ne restera toujours qu'une chambre; les pairs, si la chambre haute domine; les députés, si elle succombe. Il y aura donc, au lieu d'attaque et résistance, annulement de part ou d'autre. Par conséquent point de division, puisqu'un seul parti subsistera.

Dans le second cas, nous voyons partout les mêmes hommes et le même but; différence de poids et non différence d'intérêt; tendance naturelle dans la chambre-basse de parvenir à la chambre-haute; mais par une ambition juste et qui est nécessairement paisible et régulière entre des éléments homogènes, comme l'est celle de tout membre d'un corps de s'elever à ses degrés supérieurs, sans pour cela faire scission dans le corps même, et tendre à en dissoudre une partie. Dès lors nous voyons accord général et route commune; nous ne voyons point attaque et résistance. Par conséquent point de division, puisqu'il n'y aura pas deux partis.

Rien ne nous paraît donc dans ces deux cas pouvoir réaliser un système régulier de division ou de balance entre deux chambres. Nous ne connaissons pas de troisième cas.

Que si toutefois des circonstances momentanées, étrangères ou contradictoires à l'ordre public, nées même et toutes grandes avant la naissance de cet ordre, suscitaient d'autres dissentiments entre deux assemblées; on voit d'abord qu'elles sortent de notre sujet, comme elles sortent du système de l'État, et qu'on ne peut le regarder comme régulier que quand elles auront cessé. Il faut bien se garder de confondre un état de guerre de la chose publique contre une force étrangère qu'elle surmonte, quand elle ne peut plus en être surmontée, avec l'état de paix sur lequel on base ses spéculations.

Nous considérons donc la division entre deux chambres comme une chose impossible.

Nous avons considéré la division dans une chambre comme une chose indispensable.

Il nous reste à considérer la division entre la représentation et le ministère.

Nous dirons de cette division ce que nous avons dit de celle entre deux chambres : *c'est une chose contradictoire à l'ordre donné, et dont par conséquent la supposition ne peut s'admettre.*

Examinons les preuves.

En Angleterre (car pour ce qui est nouveau les exemples sont des preuves), la division n'existe jamais entre la représentation et le ministère, ou, pour mieux dire, l'État se gouverne infailliblement et sans exception par les principes adoptés dans les chambres : le jour où ces principes changent, le ministère change par cela même, et il s'en élève un nouveau dont l'esprit est conforme à celui de la majorité. A la vérité, on pourrait ici nous objecter que, s'il ne s'agissait que d'un changement de vues, le même ministère pourrait l'adopter, au lieu de faire place à un autre ; et qu'il ne change, en effet, que parce que, au lieu de nouvelles vues, ce sont souvent de nouvelles ambitions qui triomphent. Il n'y a nul doute à cela, et cette vérité est loin d'infirmer notre proposition; car ces nouvelles ambitions ne triomphent que sous le masque et l'apparence de nouvelles vues, sauf à les déserter ensuite. Ce sont donc techniquement de nouvelles vues qui amènent un nouveau ministère : ainsi, de quelque manière qu'elles naissent et agissent, il reste constant que, toutes les fois que de nouvelles vues dirigent la représentation, un nouveau ministère dirige le gouvernement.

Mais, s'il arrive que ces nouvelles vues au lieu d'être un simple manteau à de nouvelles ambitions, aient dans la représentation une consistance personnelle ; alors un changement, non plus de mains, mais d'esprit, est à prévoir dans le gouvernement : ce n'est plus l'affaire de tels ou tels agents ministres, mais du Roi même. Il doit opter, ou d'abjurer ses idées pour adopter celles de la représentation ; et, dans ce cas, il y a nouvelle direction, mais toujours accord entre les parties; ou de tâcher de les conserver en formant une représentation qui les adopte. Dans ce cas, de deux choses l'une ; ou la nouvelle chambre partagera les vues du ministère ; alors il restera, et l'accord subsistera; ou elle perpétuera celles de la chambre précédente;

alors il fera place à un ministère qui les partage (1), et l'accord subsistera encore. Ce résultat d'union est toujours inévitable, et dût-on dissoudre dix fois le parlement, il faut toujours y arriver pour pouvoir gouverner, et il y aura suspension et désordre jusqu'à ce que le concert parfait soit rétabli (2).

Ici on nous dira peut-être : « Vous parlez bien à votre aise de dissoudre dix fois un par-

---

(1) La dissolution n'est qu'un appel de la nation mal informée à la nation mieux informée : c'est en droit une simple épreuve pour juger si elle confirme ou improuve son premier jugement ; car, après tout, c'est toujours sa voix qui juge et gouverne, et le Souverain n'a que le droit d'appeler, autant de fois qu'il le veut, d'elle à elle-même.

(2) Certaines gens pourraient se flatter, il est vrai, de trouver en Angleterre même des exemples contraires à cette théorie, c'est-à-dire des occasions où le ministère a subsisté, quoique opposé aux chambres : pour nous, nous ne voyons pas même dans ces exemples des exceptions rares dont on ne pourrait rien inférer contre la règle : nous y voyons, au contraire, la confirmation la plus authentique de cette règle ; nous y voyons un ministère qui, loin de supposer la possibilité de s'en affranchir, est resté, malgré la volonté suprême qui l'arrêtait à son poste, incertain, précaire, et prêt à résigner sa place, pendant la courte durée de ces paroxismes jusqu'à ce qu'il s'y soit trouvé raffermi, non par une ferme résistance et une victoire sur la représentation, mais par le prompt rétablissement d'un accord momentanément rompu.

lement : songez-vous bien que c'est une secousse dans l'État, et que si le Souverain retrouvait le même vœu dans deux chambres consécutives, ce vœu serait tellement constaté national, qu'il serait difficile d'en espérer un différent d'une troisième, et beaucoup moins hasardeux de dissoudre un ministère qui ne tient à rien, qu'un parlement qui touche à tout l'empire? Supposons, toutefois, qu'on parvînt à une majorité inverse : voilà l'accord rétabli; mais est-ce tout, et vous est-il indifférent de savoir entre qui cet accord règne? Si tout vous est représentation légitime, quelle barrière opposerez-vous, soit à une convention qui bouleversera l'Etat, soit à un corps législatif qui le laissera périr? Vous changerez donc à chaque parlement de marche et de système, etc.? »

A ces objections nous n'opposerons qu'un mot, qu'il nous faudra peut-être répéter souvent : *Nous parlons d'un gouvernement régulier*, et où, par conséquent, les bases de la représentation sont fortes, fixes et affermies ; où, par conséquent, le choix d'une chambre se concentre dans une classe élevée et uniforme où peuvent varier les hommes, mais non les intérêts. Nous parlons d'un État en paix, où chacun stipule pour l'Etat à sa manière, mais personne contre lui. Nous parlons d'un Etat ancien et solide;

enfin de l'Angleterre, où, quel que soit le parlement, la majorité est toujours à peu près la même, et où, par conséquent, son renouvellement n'offre pas à un ministère de grandes chances de changement.

Mais ce que le ministère ne pourrait faire en Angleterre, ne peut-il pas le faire ailleurs, c'est-à-dire se passer de la majorité et gouverner sans accord avec la représentation ?

Ici un contraste assez bizarre s'offre à l'esprit observateur : c'est qu'au commencement de la révolution française, en ayant toujours l'Angleterre pour type et pour exemple, on n'a rien fait de semblable à elle, et on l'exalta sans l'imiter. Aujourd'hui, au contraire, que les Français se sont modelés au plus près sur ses institutions, leur prétention est de ne point lui ressembler, leur crainte est qu'on ne les compare, leur orgueil d'être eux-mêmes ; et ils se trouvent sans cesse entre leur loi, qui est parallèle, et leurs prétentions qui divergent. Cette double attraction fausse leur route, et on ne prend aucun des deux partis francs ou sages ; l'un, de ne point l'imiter dans ses institutions, ce qui rendrait les prétentions fondées ; l'autre, en admettant le principe de cette imitation, de ne pas prétendre en exclure la conséquence immédiate, le pouvoir de la majorité ou la conformité de l'esprit du ministère avec celui de la représentation.

Admettons toutefois ce système de division, non pas comme possible et susceptible de durée, mais comme existant, et faisons en l'application : ce sera suffisamment le réfuter.

Dans un pays où la représentation sera investie du même droit qu'en Angleterre, c'est une puissance : toute puissance manque à sa nature, ou bien elle sent sa force et l'exerce. Il faut regarder d'avance comme des exceptions passagères, toutes les considérations qui peuvent l'écarter de cette ligne droite, sentir et exercer sa force.

La force de la représentation est presque entière dans la résistance ; c'est le but de sa création ; c'est par les capitulations que la résistance amène qu'elle parvient à user du droit de l'attaque.

Là donc où le ministère agira dans d'autres vues que la représentation, la résistance sera absolue ; l'impôt ne sera point voté ; nulle loi ne passera. Nous n'examinons point ici le mérite ou le démérite de cette application de la force dans la représentation, mais seulement le fait. On peut démontrer, il peut même arriver que la résistance soit injuste; mais on ne démontrera pas que la représentation n'en a pas le droit et le moyen.

Toutefois, là où la loi d'état serait nouvelle et ses routes peu pratiquées, il pourrait, dans les premiers temps, arriver des déviations au principe de résistance que nous venons d'établir.

Ainsi, si nous supposons un pays dont les habitants aient été nourris de race en race dans un respect religieux de l'autorité royale, où une même famille ait courbé un peuple pendant de longues années sous un joug d'amour et de vénération; si, dans ce pays, on vient à armer le peuple rassemblé des droits qui compètent à la représentation, il arrivera sans doute que des hommes accoutumés à ne voir que la volonté du Roi, à la voir sans voile et sans intermédiaire, feront difficilement la distinction d'un Roi caché et d'un ministère patent; que dans toutes leurs communications avec le gouvernement, ils chercheront avec sollicitude le voeu personnel du Souverain à travers le voile dont il s'entoure; il arrivera, si la représentation est divisée avec le ministère, qu'au lieu d'user rigoureusement de son droit de résistance, elle transigera, par le respect du Roi qu'elle aime, avec le ministère qu'elle réprouve;

elle sacrifiera sa force et sa propre opinion, dans la crainte de blesser le vœu inconnu du Souverain dans le vœu public de ses ministres; enfin la royauté couvrira le ministère, qui, en Angleterre, couvre la royauté. Il en résultera qu'on verra dans cet état de choses un ministère dissident de la représentation se soutenir contre elle; mais il sera imprudent de tirer de ce fait une règle pour l'avenir.

Nous pourrions supposer encore un pays où tout intermédiaire aurait été supprimé entre le Roi et le peuple, et où on n'aurait encore qu'une aristocratie nominale. Là, le ministère ne trouvant pas derrière la représentation cette force inexpugnable qui, en Angleterre, en est la base et survit à sa dissolution, inspirerait plus de crainte, obtiendrait plus de ménagements, exercerait plus d'influence sur les chambres, et pourrait enfin espérer de régner sans accord avec elles.

Mais quelle conclusion faudra-t-il en tirer? Que là où il n'y a pas un puissant intermédiaire dans l'Etat, l'autorité s'exerce sans barrières; que le ministère régnera en opposition à la représentation, par conséquent sans elle; qu'elle sera donc inutile et comme non avenue; et nous reviendrons, en achevant le cercle, à ce point, qu'il faut, ou régner en se passant de représentation, ou, si on en veut une, régner d'accord avec elle.

Mais ne peut-il pas arriver dans la division du ministère et de la représentation, une modification qui la neutralise ; c'est le cas où, la division existant aussi entre les deux chambres, le ministère se trouverait d'accord avec l'une d'entr'elles ?

Nous croyons avoir démontré plus haut que la division entre les deux parties de la représentation est un état contradictoire : or, le résultat d'une chose contradictoire l'est nécessairement comme elle. En effet, dans un Etat réglé, où la représentation irait froidement et tout droit devant elle, en usant de ses droits, que gagnera le ministère d'avoir la paix avec une chambre s'il a la guerre avec l'autre, puisqu'une des deux suffit pour arrêter sa marche et supprimer ses ressources ? On pourrait donner à ceci de grands développements ; mais les doubles preuves sont inutiles, là où une seule est incontestable. D'ailleurs, faut-il répéter qu'un ministère qu'on supposerait pouvoir régner par un tel moyen, ne le ferait que par le désordre, et prétendrait conduire l'Etat précisément par les éléments qui doivent le détruire ?

Le ministère doit avoir ses auxiliaires dans chaque chambre, et non dans une chambre contre l'autre.

Ainsi, dans un Etat représentatif il y a toujours fusion de deux chambres en une seule, toujours union forcée du ministère avec cette double représentation; par conséquent toujours une seule ligne et toujours dirigée dans le vœu du peuple, c'est-à-dire de cette portion de la nation qui est politiquement le peuple, et qu'un bon système électif reproduit uniformément. La confiance régnera donc dans un tel État par les mêmes principes qu'elle règne en Angleterre, où la vaste richesse et le crédit sans bornes ne dérivent depuis cent ans que d'une seule source : L'INVARIABLE ET JAMAIS CONTESTÉE PUISSANCE DE LA MAJORITÉ.

Cet effet de la puissance de la majorité sur le crédit, et par suite sur les finances et la fortune publique et privée, est une branche trop vaste de notre sujet pour pouvoir être même effleurée ici; nous la passerons sous silence. Nous nous abstiendrons de même de parler de l'effet de la division du ministère et des chambres sur le pays où elle éclate, ne voulant pas sortir du cadre de notre ouvrage. Cependant, nous ne pouvons nous refuser à une dernière considération de quelque importance sur les conséquences probables de cette division au dehors, et sur la réaction qui en résulte.

Si elle avait lieu dans un temps d'adversité, où l'Etat affaibli subirait une grande influence de quelques puissances voisines, elle produirait, suivant toutes les probabilités, un résultat fâcheux: c'est que, au lieu que dans un gouvernement représentatif où la majorité influe, son esprit doit respirer dans le ministère, du ministère dans ses agents extérieurs, et par eux dans les cours étrangères qu'ils conduisent à envisager leur patrie dans l'esprit de la représentation; il se trouvera que ces agents professeront et répandront au dehors des sentiments qui lui seront opposés; que la division entre le ministère et les chambres sera interprétée entre le Souverain et le peuple; et que cette erreur, reçue avec la confiance due aux canaux qui la transmettent, réagira sur l'Etat et lui refusera cette attitude imposante qui attire la considération et garantit la tranquillité.

Nous concluons cet aperçu sur la division entre le ministère et les chambres par ce résumé. Dire qu'un ministère peut se passer de l'accord avec la représentation, c'est simplement dire qu'un roi peut gouverner sans elle, ou, par une formule encore plus simple, que la représentation est inutile.

CHAPITRE VI.

De la majorité et de la minorité.

Nous considérons la majorité et la minorité dans une assemblée délibérante.

L'application de ces mots serait toute autre si nous avions à les prendre dans leur acception générale, c'est-à-dire, par rapport à un peuple entier ; car la majorité, qui domine de droit dans une assemblée, est de droit dominée dans l'Etat. Le grand nombre n'est rien, ou n'est quelque chose, politiquement parlant, que réduit à un petit volume. Il ne parle et n'agit que par ses notables, et c'est entre eux seuls que le nombre décide. Ainsi, n'oublions point que toutes les fois qu'en parlant du peuple ailleurs qu'à Athènes, on parle du vœu de la majorité, des droits de la majorité, de gouverner pour la majorité ; cela s'entend de la majorité des têtes qui ont droit de compter dans une nation. Son vœu, librement émis, est ce que partout on appelle le vœu du peuple.

Dans une assemblée politique, il ne s'agit donc que des notables, et même d'un choix fait entre eux. La majorité y est la puissance, parce que, l'égalité ne pouvant durer nulle part, il faut bien reconnaître un plus fort entre ces hommes égaux, pour avoir l'unité d'action et de volonté.

Voyons de quelle source la majorité dérive ce pouvoir, et remontons jusqu'à ce grand principe, qu'en toutes choses la société, tendant au repos et ne subsistant que par lui, pose ses bases uniquement sur des principes de repos; c'est-à-dire, sur ceux qui sont incontestables, et que par conséquent on ne peut ébranler. Elle cherche moins s'ils sont bons, ce qu'il ne dépend pas toujours d'elle de trouver, que s'ils sont existants et hors de doute, ce qui se manifeste au grand jour.

Elle ne se fonde donc pas sur des droits qui peuvent toujours être mis en question, mais sur des faits, lesquels ne peuvent être contestés. Un fait existe; il existe constamment depuis qu'il y a des sociétés : voilà un point de repos, une pierre sur laquelle on peut bâtir. La société le consacre et l'érige en droit : rien ne peut le renverser. Que serait-il arrivé si elle eût entrepris d'ériger le droit en fait?

Ainsi, par exemple, il faut pour l'intérêt de la société qu'elle soit représentée par les plus sages. Voilà un droit. Jetez-le dans la foule, et vous discuterez ou combattrez cent ans à qui sera le plus sage, à moins qu'un conquérant ne vienne d'ici là vous démontrer, sous peine de la vie, que lui seul est sage et vous représente. Mais ouvrez l'histoire, et vous trouverez que dans tous les temps la société a été représentée par les plus puissants. Voilà un fait. Ainsi, au lieu d'établir que les plus sages seront les plus puissants, on établira que les plus puissants seront les plus sages; et la puissance ne pouvant être reconnue à la sagesse, la sagesse sera reconnue à la puissance.

Pourquoi une race d'hommes possède-t-elle une supériorité héréditaire? Pourquoi un homme jouit-il dès le berceau du droit de commander aux autres? Est-ce un bien? Est-ce un mal? Est-ce un droit? Est-ce un tort? On peut plaider. La société périt pendant l'instance. Mais c'est un fait; il existe, il a existé: c'est ce que personne ne peut contester. La société le reconnaît en droit. Voilà la légitimité jointe à la force, et le monde est en paix.

Enfin, dans le corps qui représente la société, tous ne peuvent pas être habiles, ou tous ne peuvent pas l'être également. La voix d'un homme éclairé pèse plus que celle de cent ignorants; c'est à lui de parler, aux autres d'écouter : voilà le droit. Mais, qui sera le plus éclairé? Chacun sans doute. Là-dessus procès. Quel sera le juge? Mais s'ils sont cent un, cinquante-un sont plus forts que cinquante: voilà le fait; on le fait droit, et l'ordre est dans l'assemblée.

Ainsi la société ne peut manquer à la nature. Elle n'est solide qu'autant qu'elle s'appuie sur ses bases; et le droit du plus fort, qui est la loi de la nature, est encore la loi de la société (1): brut et entier chez l'une, poli et régularisé chez l'autre, simple fait chez la première, converti en droit chez la seconde.

Et que la société ne s'humilie point de ne pouvoir créer un droit. Qu'elle ne croie point courber sa tête sous un joug honteux, en faisant céder les lumières à la force; qu'elle ne dise point: «Les faits les plus monstrueux pourraient devenir des droits,» car le ciel les lui mesure, et l'excès n'y vient que d'elle-même.

La majorité d'une assemblée est donc reconnue pour sa sagesse, parce qu'elle est

---

(1) La révolution commença le jour où l'on put dire: « Tous les hommes sont égaux en droits. » Elle devrait être finie le jour où l'on peut dire: « Rien sous le ciel n'a le droit d'être égal. »

avouée pour sa force (1). La majorité compte donc seule, et tient lieu d'unanimité : dès lors l'unité subsiste, et il y a repos.

Mais que sert en ce cas de parler de la minorité ?

En effet, dans une assemblée la minorité n'est qu'un être de raison. Pourquoi donc la nomme-t-on ? pourquoi lui suppose-t-on une forme et une valeur ? C'est que la chose qui n'a pas une valeur positive peut en avoir une spéculative, valeur aléatoire, valeur d'un billet de loterie : c'est que les hommes qui la personnifient peuvent rallier des voix, et, exclus aujourd'hui de la majorité dans une question, y rentrer demain dans une autre. Ainsi la minorité, valeur nulle en elle-même, devient une valeur éventuelle, considérée dans les hommes qui la composent. Elle aspire à devenir majorité ; elle peut y atteindre: c'est par-

---

(1) Si on se servait de notre argument pour nous opposer que par la loi du plus fort le grand nombre, dans un État, commanderait au plus petit, ce qui est le contraire de ce que nous avons avancé, nous serions obligés de répéter qu'il ne s'agit pas dans un État de la force des bras, mais de celle des têtes. Quand la force des bras vient à y dominer, on sait ce qui en arrive, combien cela dure, et au bout de quel temps ils viennent à reconnaître qu'il est une puissance supérieure à la leur, qui les enchaîne enfin par le droit du plus fort.

là qu'elle prend un corps, qu'elle acquiert de l'importance à proportion qu'elle approche davantage du terme, et que, prête à l'atteindre, elle peut forcer de compter avec elle : mais cette valeur ne change rien au principe : elle est toujours celle de la majorité, réelle dans les uns, éventuelle dans les autres.

Mais il ne suffit pas encore que la société ait reconnu le droit de la majorité, et ce n'est pas assez chez les hommes d'un droit constant ; il faut encore qu'il soit exercé par des hommes constants, c'est-à-dire par des hommes qui marchent constamment dans la même ligne.

Il est dans les lois diverses des tendances uniformes et générales.

Ainsi, une de ces directions mènera à augmenter le pouvoir monarchique en consolidant ses principes, à exalter la religion, la hiérarchie, la propriété, la magistrature, les grandes corporations, etc.

Une autre tendra peut-être en apparence à accroître aussi le pouvoir monarchique par la vigueur du commandement, mais en effet à le débiliter par la faiblesse des principes, etc.

Peu de lois importantes seront étrangères à ces grandes divisions.

Dès lors, telle loi aura des défauts en elle-même, qui trouve une bonté relative dans l'ordre où elle est classée ; et il vaut mieux, pour l'harmonie générale, qu'elle entre imparfaite dans un système plus utile qu'elle, que d'être parfaite en s'en écartant.

Il sera donc nécessaire que les homme sde la majorité aient des sentiments uniformes dans une tendance générale ; car si leur loyauté a des votes personnels, des consciences individuelles; si elle leur dicte aujourd'hui une bonne loi dans une direction et demain une bonne loi dans une autre, suivant seulement dans chacune la justice et la raison locale, sans se hausser à une raison plus élevée ; s'ils prefèrent une lacune dans l'édifice à une pierre imparfaite ; l'édifice ne se construira pas, et cette majorité ambulatoire perdra l'État en sauvant sa conscience. Nous parlons en thèse générale sans nous dissimuler combien elle s'applique mal au caractère français, et que ce qu'il y gagnerait en politique ne vaut peut-être pas ce qu'il y perdrait en franchise.

La majorité, dans sa pleine acception, n'est donc pas seulement absolue, mais encore dirigée dans une route constante par des hommes constants.

Ce principe, qui est la vie du gouvernement anglais, s'y est établi, non par la création humaine, mais par la puissance des temps et de choses, à l'aide desquels le fait a passé en force de droit. Mais il n'y est pas seulement reconnu; il y est encore consolidé par de fermes appuis, ou, pour parler plus juste, il n'est reconnu que parce qu'il est consolidé par eux; car une bonne loi n'est loi que quand elle est forte; jusque-là elle n'est qu'un adage. Il est clair que ce gouvernement périrait le jour où une cause étrangère y surmonterait la puissance de la majorité : nous disons une cause étrangère, parce qu'il ne la peut trouver en soi; car cette majorité, inattaquable dans le système de la constitution, rend à son tour la constitution inattaquable, et de cette réaction se compose une durée que nul calcul ne peut mesurer.

Cette puissance se consoliderait moins facilement dans un État dénué d'un de ces deux points d'appui, et où, existant de droit comme principe, on pourrait lui nier son titre faute de force.

La difficulté augmenterait encore, si, aux appuis qui lui manquent, on avait à joindre des obstacles qui la combattraient, comme, le choc récent d'une secousse politique qui aurait fourvoyé les idées, confondu le juste et l'injuste, séparé les hommes égoïste à égoïste, et rendu la foule indifférente sur le sort public, le gouvernement public et l'avenir public; le néant politique propre à laisser intervenir l'influence étrangère dans la conduite privée de l'État ; la multitude des choses à faire, et quelques unes avec une hâte que la sagesse commande, et qui cependant peut exclure la sagesse ; une faction éteinte et méprisée, mais habile à revivre sous de nouvelles enseignes, affamée de puissance, libre pour elle seule, et ennemie invétérée de toute liberté publique ; enfin, si on veut envisager des obstacles plus honorables, un caractère national franc et ouvert, point penseur, point calculateur, ennemi des mystères, même utiles ; et des conjurations, même légitimes, loyalement et puérilement guidé dans les pensées publiques par son opinion privée, et aussi un vieil et saint attachement pour les reliques de la monarchie qui intimide son courage, et l'empêche d'en défendre le corps, de peur d'en toucher les vêtements.

Il arrivera de-là que, dans ce pays, la majorité ne reposera pas sur des hommes constants, ou, ce qui revient au même, que ces hommes manqueront de constance dans leurs plans, seront divers hommes enfin, et n'appliqueront pas la majorité dans une ligne uniforme.

Il en arrivera qu'ils n'auront pas d'avance tracé géographiquement leur marche, dessiné géométriquement leur plan, reconnu leur route, et fait, pour ainsi dire, le devis de leur session, ou bien que, s'ils ont fait toutes ces choses, des intérêts, des sentiments, de vieilles opinions, d'antiques attachements, ou la faiblesse, ou le respect humain viendront à la traverse, feront des transfuges, et laisseront chanceler leur ouvrage.

Dès lors la majorité n'aura point l'attitude ferme qui la caractérise; elle présentera des inégalités, des inconséquences, des vicissitudes. On la cherchera dans elle-même, et difficilement pourra-t-on la définir.

Dès lors elle pourra commander le respect pour son but, mais elle ne l'obtiendra pas pour sa marche. Elle inspirera de la confiance pour sa loyauté, mais elle l'écartera par ses actions; et ceux qui ont mis sous sa garde les principes de l'État, pourront craindre que le faix n'en soit trop pesant pour elle, et que la force ne manque à la vertu quand l'adresse ne manque pas au vice.

Enfin, chose inouïe, elle sera la voix du peuple sans influer sur son gouvernement. Elle sera majorité, et n'aura pas le ministère; effet contradictoire, comme nous l'avons dit, mais dont l'exemple peut se rencontrer là où le ministère peut nourrir l'espoir que la majorité cessera de l'être; et, qu'après s'être roidi contre le principe pour franchir bien ou mal un désordre passager, il rentrera naturellement dans l'ordre par une majorité inverse.

Ceci nous conduit à exposer quelques idées sur la composition de la majorité. Nous avons défini sa nature et ses droits; mais nous n'avons peut-être pas assez dit à qui il appartient de les exercer. Il importe, pour qu'elle soit légitimement considérée comme la nation, non seulement que la chambre dont elle fait partie ne puisse être élue (toutes exceptions à part) que dans une classe élevée, uniforme et ayant de grands intérêts dans l'État, mais encore plus qu'elle ne puisse l'être que par des hommes qui offrent aussi de fortes garanties. La voix d'une telle majorité se transmettra sans grande altération de chambre en chambre, et maintiendra par conséquent un système régulier dans l'État. S'il en était autrement, on pourrait rétrograder de degrés en degrés jusqu'à des assemblées où la majorité, élue hors de la véritable nation par des gens hors de la véritable nation, serait réellement une puissance étrangère représentant le peuple par droit de conquête.

Il importe surtout que, dans une monarchie, le Souverain, qui a plus que personne intérêt à la solidité de l'État, exerce sur l'élection d'une chambre une influence, si non patente, au moins tacite et toujours calculée (1); on sait

(1) Par exemple, en France, on pourrait dans un temps régulier calculer ainsi l'influence du Souverain dans les élections: si le système électoral restait tel qu'il est aujourd'hui, d'une part, tous les présidents des colléges d'arrondissement sont nommés par l'homme du Roi, *le préfet*. Chaque arrondissement nomme un nombre de candidats égal à celui des députés que doit nommer le département, ce qui peut s'évaluer à trois l'un dans l'autre; il est fort rare que le président ne soit pas élu: on peut donc regarder un tiers des candidats comme nommé par le Roi. Or, en parlant des colléges d'arrondissements, chap. IIe., nous avons établi qu'ils donnaient à la France les trois cinquièmes de ses députés: ainsi, sur ces trois cinquièmes des députés que donnent les candidats d'arrondissement, un tiers est nommé par le Roi: c'est déjà un cinquième des députés. D'une autre part, il arrivera moins généralement, mais cependant le plus souvent, que le président du collége de département, nommé par le Roi, sera élu; la noblesse, les grands propriétaires tiendront à honneur et presque à devoir de l'élire; il tiendrait presqu'à affront de ne pas l'être. Sur les deux cinquièmes restants à la nomination des départements, on peut donc calculer au moins la moitié des chances pour l'homme du Roi. C'est encore un cinquième. Ainsi son influence régulière, dans les élections, pourra être calculée à deux cinquièmes. On sent que ces calculs changeraient entièrement dans des circonstances où le ministère ajouterait à ces moyens patents et légitimes tous les moyens secrets qui sont en son pouvoir, comme d'enjoindre à ses innombrables agents de diriger l'esprit public dans un

combien elle est vaste en Angleterre; et, à vrai dire, il est à croire qu'en tout pays ce moyen ne manquera pas au Souverain. Peut-être même est-il dans son intérêt qu'il ne soit pas imprudemment prodigué, car son exercice trop public aliénerait la confiance. Qu'arrivera-t-il, en effet, après une élection où l'influence du trône se sera fait hautement remarquer? Si le ministère a la majorité, on calculera tous les

---

sens d'élection, et de traverser de tout leur pouvoir les intrigues contraires, comme de répandre dans chaque arrondissement le jour des élections des hommes chargés d'exclure tel candidat, de proposer tel autre, de promettre, de menacer, etc. Alors on ne peut calculer quelle immense proportion il obtiendrait dans la députation, et cela effraye au premier coup-d'œil. Mais il survient ensuite une réflexion qui rassure, c'est que ces moyens non légitimes d'influence ne peuvent réellement s'employer dans un gouvernement régulier; qu'ils n'appartiennent qu'à des époques de trouble où il existe deux partis dans l'État, celui du ministère et celui de ses antagonistes; alors d'un côté le ministère prodigue tous ses moyens, même sans choix, pour faire triompher son parti; mais d'un autre côté aussi les autres emploient tout leur crédit pour faire prévaloir le leur; et jugez combien leur masse et leur crédit augmenteraient si, à leur intérêt personnel, se joignait un sentiment de dévouement au Souverain et à la monarchie; et qu'en se défendant eux-mêmes, ils crussent défendre le trône. Ainsi tout balancé, il est probable que dans de telles circonstances, le ministère employant des moyens non avoués, perdrait, par le mécontentement qu'il exciterait, plus qu'il n'avait espéré de gagner.

moyens qu'il a eu de l'acquérir; on mettra encore dans la balance l'ambition, la crainte, le dévouement même au Souverain; et, si parfaite soit elle, des spéculateurs pourront douter qu'elle exprime le vœu national. Si au contraire la majorité est contre le ministère, plus il aura exercé d'influence, et plus le vœu national, qui en aura triomphé, sera jugé franc, vigoureux et authentique. Comment faire? Il faudrait, pour échapper à ces inconvénients, qu'il descendît du ciel une race d'électeurs non corruptibles et de ministres non corrupteurs : c'est ce qui n'a encore été donné à aucun État. Il faut donc s'en tenir à ce qui existe, que le Souverain exerce une grande influence sur les élections, et souhaiter ce qui doit exister, que les ministres en usent sans bruit pour ménager la morale publique, et sans excès pour faire taire la voix publique.

CHAPITRE XII.

De l'Opposition.

La définition de l'opposition se trouve implicitement contenue dans celle de la minorité : elle est *l'action de la puissance éventuelle de la minorité.*

Car, de supposer que l'opposition peut être l'action de la puissance réelle de la majorité, ce serait dire une chose vide de sens, puisque l'opposition n'agit que contre le ministère, et que la majorité, nécessairement indivise avec lui, ne peut être censée opposée à elle-même.

Comment la puissance éventuelle de la minorité, être purement idéal, peut-elle arriver à exercer une action ? Parce que, de même que des hommes constants exercent la puissance réelle de la majorité, de même des hommes constants, aspirant à une majorité future, donnent corps à la minorité par une espèce de pacte entre eux, et lui créent une action en agitant sa valeur fictive, en lui prêtant tout le développement que les circonstances, le talent, l'intrigue et l'espérance peuvent y ajouter ; en s'emparant de tout ce qui peut se dérober à la majorité ; enfin en étant sans cesse attentifs à entraver sa marche et à morceler son empire.

Ici il faut bien se garder de confondre l'opposition, parti dans l'État, avec un parti qui serait hors de l'État. Il faut distinguer entre des hommes opposés à tels hommes, mais amis de l'État, et des hommes qui seraient opposés à l'État même. Ces derniers cherchent ordinairement à se glisser dans les rangs des autres; mais de loyaux opposants n'achètent pas un renfort par un déshonneur.

Nous voyons donc dans la minorité deux choses : la minorité, quand on la considère par rapport à l'assemblée; l'opposition, quand on la considère par rapport au ministère.

Ce n'est réellement que contre ce dernier qu'elle a corps et action ; en sorte que, si elle parvient à conquérir la majorité, la chambre n'éprouve qu'un changement d'opinion; mais le ministère éprouve un changement d'hommes, parce qu'il se trouve tombé dans la minorité, et que la majorité nouvelle en forme nécessairement un nouveau.

Mais, comme nous l'avons dit plus haut, l'assemblée n'éprouve même pas un changement d'opinion, car cette opinion n'est le plus souvent qu'un prétexte : le ministère est changé, cela satisfait l'ambition sans perdre l'Etat. L'opinion reste, parce que l'État se perdrait s'il changeait de direction comme de ministres. Les deux partis font un échange de sentiments, et la direction uniforme se transmet de majorité en majorité, et de ministère en ministère. Tout cela, s'écriera-t-on, n'est ni noble ni scrupuleux : c'est ce qu'on peut discuter; mais deux choses au moins ne peuvent se mettre en question; la première, que tels sont les éléments inévitables du gouvernement représentatif, et qu'il faut ou le refuser, ou les accepter; la seconde, que ces règles sont d'un positif inattaquable, et que l'Etat où elles règnent est assuré de marcher dans la route la plus droite et dans la plus invariable paix.

Nous venons d'établir que l'opposition pouvait devenir la majorité, mais qu'au moment même où ces éléments contraires s'unissent, ils se neutralisent, et ce qui devient majorité, cesse d'être opposition.

Maintenant nous nous demanderons ce qui arriverait si cette neutralisation ne s'opérait pas, et si l'opposition, devenue majorité, restait cependant opposition; autrement dit, si le ministère restait opposé, ou si le ministère opposé restait.

On ne supporterait pas cette proposition dans

la patrie du gouvernement représentatif; mais si elle venait à être admise et appliquée ailleurs, le résultat probable de cette epreuve faite sur la machine politique, serait qu'elle irait (pendant la durée de l'expérience) dans le trouble et hors des règles de sa constitution; et qu'enfin si malgré ce désordre elle continuait de subsister, il faudrait conclure de ce qu'elle prospère contre la nature de son gouvernement, qu'elle peut, et dès lors qu'elle doit se passer de lui, et qu'un autre régime lui est plus convenable.

Sur quels motifs cependant pourrait se fonder la prolongation de cette situation? Quelles prétentions pourraient s'en appuyer; quelle puissance la soutenir? Les causes d'un effet contradictoire ne se rencontrent pas dans l'ordre régulier; ainsi l'effet dont il s'agit étant hors du système représentatif, c'est aussi hors de ce système qu'on doit en chercher la cause.

Essayons de la découvrir, ou tout au moins de l'imaginer.

Pour y parvenir, nous supposerons d'abord un État ancien détruit par une révolution, un nouvel État créé par elle et fondé sur ses principes, enfin de nouveaux hommes formés à l'instar du nouvel État pour en être les organes et les directeurs.

Nous supposerons ensuite une autre race

d'hommes martyrs de la vieille foi, victimes de la nouvelle, restés orthodoxement fixés, *non aux formes*, mais aux principes de l'ancien Etat, par conséquent exclus de droit du nouveau.

Nous supposerons enfin une secousse qui a renversé le chef du nouvel Etat et rétabli celui de l'ancien. Tel est notre avant-scène, et c'est ici que le drame commence.

Cette secousse est diversement interprêtée.

Selon les hommes nouveaux (1) c'est une victoire dans le nouvel Etat : le chef change; l'Etat subsiste, les hommes restent et le dirigent comme par le passé; il y a gouvernement de fait, et la révolution est substituée.

Selon les hommes anciens (2) c'est une victoire contre le nouvel Etat : il tombe; ses apôtres le suivent; les vieux principes ressuscitent, et la révolution est morte.

---

(1) On doit entendre aussi par *hommes nouveaux* ceux des anciens qui ont adopté leurs principes, principes, il est vrai, modifiés comme ils ont dû l'être dans les phases d'une longue révolution, et parvenus au point d'avoir dans le mal cette régularité qui prolonge sa durée, et cette apparence d'ordre qui le dissimule aux ames honnêtes.

(2) On doit entendre aussi par *hommes anciens* ceux des nouveaux qu'un sens droit et une conscience pure ont ramenés aux principes monarchiques.

La question reste indécise. Quelle puissance a le droit de la résoudre? Sans doute le chef de l'ancien Etat, car la victoire lui donne le pouvoir absolu, et la servitude des uns et le dévouement des autres lui répondent de l'obéissance.

Le chef dont on attend la décision suprême consacre et modifie les formes du nouvel Etat, et promet les principes de l'ancien; sage compromis, digne de concilier les partis. Cependant la lutte subsiste. Les uns se vantent d'avoir sa confiance; les autres cherchent à se flatter d'avoir son inclination.

« Le nouvel Etat, disent les hommes nouveaux, a été maintenu par nécessité, mais il a aussi été adopté par choix et conviction.

» On n'a pu conserver les formes sans les principes, ni la machine sans les machinateurs.

» La puissance souveraine agit donc par les principes des hommes nouveaux, décrète par leurs conseils, gouverne par leur action, et parle par leur organe.

» Par conséquent, quiconque attaque les idées nouvelles, attaque le Souverain; quiconque s'oppose aux hommes nouveaux, s'oppose au Souverain; quiconque combat un projet présenté par les hommes nouveaux, combat le souverain. »

Qui n'aime point Cottin, n'estime point son Roi.

On ne peut se dissimuler que ce raisonnement met les hommes de l'ancien Etat dans une position singulière.

C'est celle d'adopter, de protéger, d'aimer même, s'ils le peuvent, les principes du nouvel Etat, précisément en raison de leur amour pour l'ancien, dont le premier devoir est le respect de la volonté royale.

C'est celle de soutenir des systèmes qui ont détruit eux et la patrie, et qu'ils jugent encore subversifs de la monarchie, et de consacrer la ruine des principes de l'ancien Etat par le plus sacré de ceux qu'ils y ont puisés.

C'est celle de voir ce qu'ils aiment entouré par ce qu'ils craignent, l'objet de leur confiance assiégé par celui de leurs soupçons, et les ligues de l'ennemi placées, pour ainsi dire, entre eux et le fort qu'ils défendent.

Enfin cette position a cela surtout de dangereux pour eux et de triomphant pour leurs adversaires, qu'elle les réduit presqu'au silence ou à la dissimulation; ils peuvent à peine sortir du cercle qui captive leur franchise, sans toucher à des limites augustes, à un domaine qu'ils révèrent, et la justification prenant forme d'offense, ils se trouvent contraints de paraître coupables pour ne pas risquer de le devenir.

Mais si leur défense s'interdit la publicité, peut-être en descendant dans le fond de leur pensée, y trouverons-nous l'apologie suivante :

« Nous n'examinons pas si le chef de l'ancien Etat a respecté le nouveau par choix et conviction.

» Ou si sa prudence lui a fait une loi de ne pas marquer son retour par un mouvement politique.

» Ou si sa clémence ne s'est pas imposé de juger l'œuvre innocente, pour ne pas trouver les ouvriers coupables.

» Ou si, assiégé dès ses premiers pas par les hommes du nouvel État, accoutumés à n'être ni vaincus, ni coupables, mais vainqueurs, accrus de chute en chute et indifférents du maître, pourvu que le règne leur reste ; si, entouré d'eux seuls, tandis que la fidélité confiante attendait au loin ses regards, il n'a pas reçu d'eux ses premières notions sur le vœu du peuple et la situation de l'État ; si sa religion n'a pu y être surprise ; et si, dans sa magnanimité, il n'a pas immolé ses propres sentiments à une opinion qui s'est exclusivement qualifiée publique. »

L'examen de ces questions devient superflu, puisque le nouvel Etat a été conservé, modifié et affermi sur les ruines de l'ancien. C'est un fait de la volonté royale. Il efface les vices et exclut la discussion.

Nous ne discutons donc ni le mérite qu'il renferme, ni les motifs qui l'ont conservé; nous ne nous portons point pour juges d'une sagesse couronnée ; nous convenons même que tout l'ancien État ne pouvait renaître aussi facilement que tout le nouveau pouvait tomber, et que partout où les bases de la monarchie sont reconnues, il est facile de transiger sur ses formes (1).

Mais nous nous demanderons si la volonté royale, en adoptant de nouvelles formes, a prétendu consacrer de nouveaux principes.

Non, et nous le disons avec orgueil, puisque nous le puisons dans ses propres paroles ;

---

(1) Burke dit quelque part : « Je ne parle pas des formes de la constitution (de l'assemblée nationale) qui, telle qu'elle est mérite assez qu'on y trouve à redire, mais des matériaux qui la composent, pour la plus grande partie, ce qui est d'une conséquence dix mille fois plus grande que toutes les formes du monde. »

il serait contradictoire, il serait même sacrilége, d'imaginer qu'un monarque pense régner et transmettre son trône sans extirper d'autour de lui les principes de l'anarchie et du despotisme.

Nous devons donc croire qu'un Roi, qui, par une modération inconnue aux siècles passés, semble économe de la liberté quand le peuple est prodigue de la puissance, s'il a appelé une délégation de ses sujets à discuter les lois de l'État; s'il a obtenu du ciel cette juste mais immense faveur de n'y compter que des hommes dévoués jadis à son infortune, et qui viennent aujourd'hui se dévouer à sa gloire, n'a pas jugé leur concours inutile pour rétablir les bases de son empire.

Telle est notre ferme et naturelle opinion le jour où nous entrons dans la carrière qu'il nous ouvre. Nous croyons y avoir pour but l'affermissement de la monarchie, et pour soutiens le vœu du monarque et nos propres forces. Ces deux mobiles vont triompher de tous les obstacles.

Cependant nous découvrons bientôt des raisons de craindre que notre espoir n'ait été présomptueux; car, tandis que nous attendons qu'on dirige nos efforts dans un système de lois régénératrices, le temps passe et notre zèle se consume dans les transactions communes d'un État paisible et régulier.

Alors notre certitude diminue de jour en jour, un silence absolu d'une part, une attente inutile de l'autre, dissipent nos illusions, et nous sommes enfin forcés de reconnaître qu'un esprit différent du nôtre siége dans le ministère. Cette lumière nous frappe, non pas seulement dans telle proposition ou dans l'absence de telle autre, mais dans les paroles, dans les phrases, dans le ton, dans tout ce qui énonce l'opinion, dans le poids et l'interprétation publics qu'on donne à nos discours privés, enfin dans tout l'atmosphère qui nous entoure.

La division existe, nous ne pouvons le nier. D'une part, le vide d'institutions et de principes que nous a fait la révolution est donné pour un édifice qu'il suffit de perfectionner et d'embellir : c'est le château d'Allant; les yeux enchantés le voyent. De l'autre, les ouvriers n'aperçoivent qu'une table raze et demandent des pierres pour bâtir; ils demandent moins, ils demandent qu'on leur en promette, qu'on reconnaisse au moins qu'elles n'existent pas, qu'on fasse ses plans, qu'on arrête ses devis; l'espoir fera crédit pour le reste.

Rien de tout cela n'est obtenu, et nul accord enfin n'est jugé possible entre une majorité nombreuse et le ministère. Qu'en résulte-t il ?... que le ministère subsiste, et que nous nous trouvons dans cette position inconnue dans les fastes des gouvernements représentatifs, d'avoir à parler à la fois comme chambre, comme exprimant le voeu du pays, comme majorité et pourtant comme opposition.

Dans une situation si étrange, que d'entraves n'avons-nous pas à prévoir !

Au premier mot que nous dirons des vieux principes, nous nous trouverons peut-être arrêtés, repoussés par des monopoleurs qui n'admettent de royalisme qu'à leur taux. Nous nous verrons ironiquement régentés ou pédantesquement catéchisés par de jeunes hommes tout frais échappés de ce nouvel État où tout était jeune, hommes, projets et principes; vaincus heureux, qui ont enjambé de la défaite au triomphe; phalange aguerrie à l'intrigue, qui, du haut de son succès, regardera avec une pitié superbe la risible innocence des hommes sincères et religieux, disciples de la conscience et du bon sens, et tous neufs encore à la tactique des assemblées.

Si un mot trop dur, une vérité trop nue se

montrent à la tribune, sur les bancs, dans des salons, on en fera l'acte et l'opinion de la chambre.

Si le respect que commande le frontispice de la loi, en nous détournant de la rejeter, nous suggère l'idée conciliante d'amender, on refusera de voir l'obéissance d'admettre, pour ne considérer que l'audace de modifier.

On redoublera l'embarras de notre situation en nous proposant, au nom d'intérêts matériels, viagers ou même annuels, mais qui frappent tous les regards, des mesures qui leur immoleraient des intérêts moraux et impérissables, mais qui échappent au vulgaire; nous balançant ainsi entre la crainte de perdre notre popularité, si nous n'accordons pas la préférence à l'intérêt humain, ou de forfaire notre honneur et le but de notre mission, si nous consacrons la ruine de ce que nous venons rétablir.

On se proclamera sans doute d'accord avec nous sur toutes les théories, pourvu qu'elles soient reléguées à l'indéfini. On conviendra qu'un empire subsiste par tels principes, pourvu que ces principes soient toujours avoués, jamais employés. On enverra aux petites-maisons quiconque parlera de pratique; n'admettant jamais que, là où il s'agit de bien à faire, on peut temporiser; mais que là où il s'agit de mal à détruire, il faut prendre la cognée, parce qu'il gagne plus de force par la durée qu'on ne peut en acquérir par l'attente.

Enfin, on ira peut-être jusqu'à calomnier notre but. Des hommes qui ont demandé et obtenu toutes les places, à travers tous les régimes, aux dépens de tous les serments, tandis qu'ils ignoraient notre fidélité absente, des hommes tout ambitieux quoique satisfaits, *lassati nedum satiati*, diront du milieu de leurs titres et de leurs emplois que nous voulons des titres et des emplois. Il ne leur manquerait que des preuves à donner. En effet, si nous voulions les gagner par souplesse, n'eut-il pas suffi de vendre nos consciences? Si nous voulions les emporter par force, n'eut-il pas suffi d'user sans ménagement des droits de la majorité? Mais non; pour la première fois peut-être dans une représentation la conscience aura paru d'un trop haut prix pour être marchandée, et l'intérêt personnel d'un trop vil pour servir de base à un traité. Nous avons, il nous est permis de le dire à Dieu comme aux hommes, nous avons quitté nos terres et nos familles, rompu une économie forcée par une révolution qui n'a rien laissé d'entier que notre honneur ; nous nous sommes pressés dans les élections ; nous sommes venus, et nous ne l'avons fait que par le sentiment d'un vrai patriotisme ; nous ne l'avons fait que par un dévouement religieux pour notre Roi dont nous voulons raffermir le trône, pour la monarchie dont nous voulons réhabiliter les principes, pour le peuple enfin dont nous voulons fonder la religion, la morale et la paix.

AINSI, pour terminer une réponse péremptoire à nos accusateurs, nous dirons :

Que les formes du nouvel État ont été admises et ses principes exclus, parce qu'on ne peut refaire une fondation ancienne sans exclure les bases modernes.

Qu'une monarchie peut se soutenir et même prospérer sans le secours des hommes nouveaux, qui, s'ils s'entendent (ce qui n'est pas prouvé) à conduire les formes du nouvel État, sont par instinct inhabiles ou hostiles à l'égard des principes de l'ancien.

Que le nouvel Etat modifié est la volonté royale, et que nous le révérons et le défendrons comme tel ; mais que ses principes sont le contraire de la volonté royale, et que comme tels nous les repoussons et les combattrons.

Enfin, et par conséquent, qu'une chambre peut être opposée aux artisans du nouvel Etat; qu'elle peut attaquer et leurs principes et eux-mêmes, et ne s'en montrer que plus ardemment dévouée à l'autorité royale.

C'EST ainsi que dans la situation donnée se justifieront les hommes de l'ancien Etat (puisqu'une majorité est ici réduite à se justifier), et peut-être nos lecteurs leur reprocheront-ils d'être fidèles à leur vieille nature, en ayant longuement et pesamment raison.

Mais ils l'auront en vain; les faits, les superficies et les enseignes parlent : il ne s'agit pas des cœurs, mais des fronts. Les hommes nouveaux prendront en main la bannière ancienne et se feront titrer royalistes sur la foi de leur quatrième serment. Les hommes anciens marcheront sous les drapeaux de l'opposition, et seront jugés factieux contre la foi de leur vie entière. Hélas! il faut tout dire; des gens de bien, des hommes sincères s'y tromperont eux-mêmes; ils ne pénètreront point dans ces distinctions subtiles, et, soumis sans réflexion, ils traiteront notre dévouement de révolte. Il faut dire encore plus; des esprits sages, mais timorés, des hommes alliés de la plus sainte cause s'alarmeront sur ses résultats. « Qui sait, diront-ils, si le desir d'abattre une puissance nuisible à la monarchie ne peut pas entraîner jusqu'à nuire à la monarchie même, et faire endommager l'arbre pour déraciner le lierre qui l'entortille? Qui sait jusqu'où, éclairée aujourd'hui, trompée demain, peut conduire cette témérité d'expliquer le cœur des rois? Qui sait si la généreuse hardiesse des fidèles actuels, ne peut pas mettre un titre funeste aux mains des rebelles à venir, et si ce courage, des Voisin, des Sully, de résister au monarque, par attachement pour lui-même, ne peut pas devenir, pour d'autres, le droit insolent de lui résister contre le bien public? »

Il faut en convenir, ces raisonnements sont spécieux, et le meilleur esprit peut se perdre dans le labyrinthe de politique et de morale où vous engage une aussi fausse route..... Il peut s'y perdre; mais un moment de réflexion lui fait retrouver son fil, et il s'aperçoit bientôt que ces conséquences, possibles dans des données communes, disparaissent dans une représentation dont l'unique but est d'accroître la puissance royale; qu'étant en cela dans une route directement opposée à celle de la représentation ordinaire, on ne peut aussi la juger par les règles générales ; que le succès de ses efforts devant être d'amoindrir sa propre puissance, elle détruit par le triomphe même l'abus du triomphe ; et qu'enfin cet abus, cet envahissement de droits ne pourrait être à craindre que si la représentation était vaincue, puisqu'alors la monarchie, privée des bases qu'on aspire à lui donner, perdrait une force qui profiterait tôt ou tard au peuple et à ses représentants. Il est bizarre que dans une lutte où la représentation ne combat que pour donner, on s'alarme des usurpations qu'elle peut faire, au lieu de s'alarmer des armes qu'elle donne contre elle-même et des concessions nuisibles au peuple qui peuvent en résulter (1).

Parlons enfin avec une pleine franchise, dût-elle même être sévère ; jugeons la masse ; laissons l'intérêt personnel faire ses exceptions et la voix publique les évaluer. Qui donc a conféré à ces hommes nouveaux l'amour de la vieille monarchie ?

---

(1) Tout ce chapitre, écrit en février 1816, eût dû être imprimé alors. Il développait des aperçus qui eussent eu au moins le mérite de la nouveauté.

Où sont leurs épreuves et quels gages lui ont-ils donné dans un temps où l'infidélité publique exige des cautions particulières?

Donneraient-ils, nous le demandons à leur intime pensée, donneraient-ils leur fortune et leur vie pour le monarque?

Si une nouvelle révolution livrait le trône à de nouvelles mains, les verrait-on tous résigner leurs places et mourir ou vivre une génération dans l'exil pour lui garder leur foi?

Et, sans admettre des suppositions si extrêmes, seraient-ils ministériels s'ils perdaient leurs emplois? Croiraient-ils au ministère sans majorité, s'ils avaient la majorité avec le ministère, et bien plus, s'ils avaient la majorité sans le ministère? Les hommes nouveaux doivent aimer les choses nouvelles. Elles sont la garantie de leur puissance; peu importe alors qu'elles le soient ou non de la puissance de l'État. La révolution tient lieu de tout ce qu'elle a détruit. Il faut qu'elle règne et prospère. Quelle serait leur pensée si l'avenir leur laissait soupçonner des bornes à sa durée? Laissons la démêler à leur conscience et ne nous enfonçons point dans ces profondeurs. Nous voyons, d'un autre côté, des hommes dont l'ame est sur le front, le cœur sur les lèvres, et toute la politique au grand jour. Ils veulent, comme ils le disent, le nouvel ordre et les vieux principes; ils veulent enfin, non seulement le monarque, mais la monarchie, non seulement le Roi, mais sa race (1).

---

(1) Un *Journal* imprima dernièrement, pour l'instruction de ses abonnés, cette définition de la légitimité : « La légitimité est la continuation du pouvoir dans une même famille. » Un des lecteurs en conclut que quel que soit le prince du sang qui succède à un roi régnant, ce prince est roi légitime. Nous redressâmes ses idées en lui disant : « La légitimité est le droit de succession au trône de mâle en mâle, » par ordre de primogéniture. » Nous ignorons si les idées des autres ont été redressées, et si ce journal qui, comme tout journal, ne paraît, conformément à la loi, que *sous l'autorisation du Roi*, a dû se croire *autorisé* à rectifier, d'un trait de plume, les vieilles lois de la succession à la couronne. Quand on voit les chartes antiques abandonnées aux commentaires des feuilles volantes, on est tenté de regretter que la charte nouvelle, en regardant ces grandes vérités comme axiomes, ait dédaigné de s'expliquer sur elles.

CHAPITRE VIII.

De l'ambition dans les députés.

Voici encore un point de fait où le droit et la morale ne peuvent rien, et n'interviennent, l'un que pour légitimer, et l'autre que pour modifier : la question n'y est pas de vice ou de vertu, mais de nature et de nécessité.

Les grands mobiles de l'homme, tels que l'intérêt personnel et les passions qui le dirigent, sont de leur essence indélébiles. Ce serait un blasphême contre l'ordre universel, d'affirmer qu'un principe qui en émane soit pernicieux dans un sens absolu. Ces mobiles créés pour l'homme isolé, ne le sont pas moins pour les hommes réunis : aucun d'eux ne peut donc se dire destructeur de la société.

Aucun d'eux aussi ne peut s'en dire protecteur.

Mais ils sont susceptibles d'être à la fois l'un et l'autre, et il est donné au libre arbitre de l'homme de les façonner et employer au profit de la communauté ou de les négliger à son détriment.

Il en est quelques uns qui, absolument parlant, contiennent plus de biens et demandent plus de liberté, d'autres qui renferment plus de maux et veulent être plus captivés.

La société la plus sage sera celle qui, au lieu de faire des lois somptuaires contre le luxe des passions, aura trouvé le moyen de les plier à son usage, non pas en les réformant, en prétendant leur conserver ce qu'elles ont de noble, et les purger de ce qu'elles ont de vil : ce sont spéculations hasardeuses et au-dessus de l'humanité; mais en les laissant entières, et tirant parti pour l'ordre général de leurs vertus et de leurs vices.

Ce qui honore le plus l'homme, ce qui l'approche peut-être le plus de la divinité, est cette faculté de tirer l'harmonie et la paix d'un principe turbulent et hostile, de courber les fléaux même à son usage, et de réduire, pour ainsi dire, le mal en servitude pour charger son fardeau sur ses épaules.

Le plus puissant mobile de la nature humaine, le plus redoutable à la société, et en même temps celui de tous qui lui est le plus intime et nécessaire, c'est l'ambition.

Otez les petites républiques où régnait l'abnégation de soi-même, ou plutôt l'ambition de corps substituée à l'ambition personnelle : ôtez encore les ames religieuses dont l'ambition monte plus haut que la terre (car nous aurons beau chercher, noble ou vile, nous retrouverons l'ambition partout); ôtez enfin des hommes, des individus, des sages, des exceptions; nous vous les abandonnons sans compter: toujours restera-t-il que l'ambition est le mobile du genre humain. Cela suffit; il faut l'admettre et ne pas lui chicaner son droit de cité.

Nous ne l'examinerons ici que dans ses rapports avec la représentation.

Il ne faut point se perdre dans des calculs imaginaires; l'homme doit toujours arrêter ses devis au plus bas : ainsi quand il s'agit d'appliquer un principe à une thèse générale, à une longue durée, ou à un grand nombre d'hommes, il faut toujours en adopter la forme la plus commune. Nous admettrons donc, de peur de mécompte, l'ambition du genre le moins noble, celle de la fortune et des places. En se ravalant d'emblée à un taux si modeste, la société est plus assurée de monter que de descendre, et de gagner que de perdre.

Elle acceptera donc cette ambition comme mobile de la représentation, et c'est sur ce sol stérile qu'elle fondera ses plans, comme on bâtit sa maison sur le tuf.

Sans doute il se trouvera des exceptions à

cette règle rigide : il pourra même arriver, quoique les exemples en soient rares, et peut-être au point d'être niés par les esprits forts ou dépravés, qu'une représentation presqu'entière donne au monde cet étonnant spectacle, non pas d'un corps dénué d'ambition, car il le serait aussi d'énergie et de talents, mais d'un corps qui met à la place de l'ambition, du gain et des honneurs, l'ambition de l'honneur et de la gloire, ou celle, plus pure encore, du bien de la patrie.

Ces nobles exceptions peuvent exister : l'exemple les constate, mais le calcul les rejette. Le sentiment qui exalte s'use et se fatigue: l'homme enfin rentre dans ses propres limites, et à une représentation patriote doit succéder tôt ou tard une représentation égoïste.

C'est donc de l'ambition égoïste qu'il faut se résoudre à tirer parti. On peut la distinguer en deux classes que la société emploie également.

La première est une ambition sociable, si nous l'osons dire, qui se coalise, qui fait partie d'un corps, et qui, en marchant vers son but personnel, s'y dirige parallèlement avec celui de ses confédérés; ambition réfléchie, qui sait calculer que, si elle arrive moins vite et moins haut en masse qu'isolée, elle arrive aussi plus sûrement, et s'y maintient plus ferme; ambition qui, dès lors, soigne l'intérêt commun dans la vue de son intérêt privé, que le profit et l'habitude de l'association attachent à la société, et qui, par une abstraction honorable, finit par paraître oublier son propre but pour ne tendre qu'au but général. C'est de ce calcul érigé en sentiment que se forme cette tendance au bien public dans une direction personnelle, ou au bien personnel dans une direction publique, qu'on appelle *esprit public*.

La seconde espèce d'ambition est l'ambition toute pure, décomposée et réduite à sa valeur intrinsèque; c'est-à-dire, celle dont le cynisme montre son égoïsme à nu : c'est l'ambition de l'individu pour la fortune et les places.

Nous voulons le supposer assez à plaindre, et en même temps placé dans des temps assez corrompus pour qu'aucun lien ne l'attache, que son intérêt l'absorbe, et que nulle raison de sagesse ou de pudeur ne lui montre une communauté utile entre cet intérêt et celui du prochain.

Sans doute la société aura plus de peine à tourner à son profit une ambition qui, au lieu de travailler pour elle, s'avance seule, et par conséquent contre elle.

Elle y réussira toutefois, et, en cela, elle aura

résolu le plus grand problême de l'ordre social, si, suppléant à la volonté de l'ambitieux, elle ramène, pour ainsi dire à son insu, sa tendance isolée à la direction générale, et, conquérant sur l'esprit de conquête, l'oblige de faire le profit public de son triomphe particulier.

Comment opérera-t-elle cette métamorphose? — En faisant de chaque succès de l'individu le prix d'une chose utile à tous; en lui faisant acheter son gain par ses services; en un mot, en le payant pour travailler aux travaux publics. Cet ambitieux pourra être à une enchère élevée, si sa force et ses talents exaltent chez lui les moyens de nuire et par conséquent de servir. Le taux sera moindre si ses moyens sont inférieurs; il sera nul enfin s'ils sont nuls : ainsi le prix sera constamment en raison directe de l'utilité.

Mais il arrivera toujours (comme il n'existe rien d'absolu dans la nature, excepté les principes), qu'on verra ces diverses sortes d'ambition se nuancer suivant que l'État sera plus ou moins bien organisé. L'ambition la plus vile sentira que le bien commun la mène au sien propre. L'ambitieux d'argent et de places appercevra que l'honneur y conduit aussi sûrement que l'intrigue, et l'égoïste n'écartera pas de sa route un intérêt public dont la concurrence l'honore sans le gêner.

Il faut donc, dans tout État régulier, s'attendre que la représentation tendra directement à la fortune et aux honneurs, et accessoirement à l'intérêt public, auquel elle arrivera par l'intérêt privé.

Nous dirons plus : fût-elle même exempte du second mobile ; fût-elle sordidement concentrée homme à homme dans son propre intérêt, toute individulle, toute vénale, et prête à dire à ses commettants ce que répondait aux siens, aussi vénaux que lui, un membre de la chambre des communes, à qui ils recommandaient le désintéressement : « Je vous ai achetés et je vous vendrai ; » encore est-il vrai que la société en tirera ce profit abject, mais net et positif, que la majorité appartiendra sans difficulté à l'homme le plus riche et le plus puissant du royaume. N'hésitons pas, et acceptons le positif, si vil soit-il, plutôt qu'une spéculation dorée.

Certes, quand on entend M. Walpole dire : « J'ai le tarif de toutes les consciences du parlement, » l'esprit se révolte à un trafic si bas. Certes, quand les réformateurs parlementaires prêchent la représentation égale et gratuite et l'incorruptibilité des communes, l'ame s'élève à une si noble doctrine.

Cependant, si vous suivez la pratique servile qui est fondée sur la nature, l'État subsiste glorieux et paisible. Si vous embrassez la brillante théorie qui est fondée sur de nobles inspirations, l'État se bouleverse.

Dans le premier cas, il prospère par l'emploi ennobli d'instruments honteux; dans le second, il se détruit par l'emploi perverti d'instruments sublimes.

Nous nous garderons donc bien de prétendre interdire l'ambition à la représentation, ni même de la blâmer en elle. Nous l'y regarderons comme un élément nécessaire et utile; et, si elle venait à en manquer, nous redouterions bien plus l'enthousiasme de son désintéressement que les calculs de sa cupidité.

Ici nous nous croyons obligés de répéter, au hasard d'ennuyer, que nous parlons d'un Etat régulier où l'ambition, même cupide, sera bonne, parce qu'elle sera dans l'État, et ne profitera qu'en travaillant pour lui. Dans un temps de révolution, elle serait mauvaise, parce qu'elle pourrait être hors de l'État et travailler contre lui. En énonçant un principe très fort, nous sommes tenus d'être conséquents. Tant pis pour qui en faussera l'application. Un homme aura dit qu'il faut frapper fort et juste pour produire de l'effet : si, au lieu d'appliquer cet adage à un taillandier qui forge, vous l'appliquez à un assassin qui tue, le principe reste bon, mais son application produit l'effet de détruire au lieu de celui de créer.

CHAPITRE IX.

De l'Initiative et de l'Amendement.

Nous nous étions promis de traiter avec quelque étendue ces deux sujets, qui ont été l'objet de plusieurs controverses ; mais, en y arrivant, nous nous apercevons que nous avons dispersé une partie de notre bagage sur la route, et que plusieurs des choses qui appartiennent à ces deux titres se trouvent déjà implicitement traitées dans les chapitres précédents. Nous nous bornerons donc aux aperçus suivants.

De quelque manière qu'on règle l'initiative, le Souverain la possède toujours de fait.

Elle peut exister de trois manières ; exclusive au Roi, exclusive à la représentation, c'est-à-dire à chacune des deux parties qui la composent, et enfin commune au Roi et à la représentation.

L'initiative des lois réservée exclusivement au Roi, c'est-à-dire sans aucun adoucissement qui en accorde une part quelconque à la représentation, cette initiative pourrait paraître en principe une mesure sage dans un pays long-temps agité, où tous, même involontairement, se seraient imbus d'idées exagérées, sans que personne y eût posé des limites communes, et où les amis même de la dépendance ignoreraient les bornes de la liberté. Nous l'avons même pensé ainsi dans l'origine. Il faut cependant convenir que là où les théories libres auraient fait autant de progrès que les habitudes serviles, on ne pourrait pas prendre les dernières pour unique base; et que là où autrefois le Roi était seul législateur, quand au contraire l'habitude était libre et la théorie esclave, il y aurait aujourd'hui lieu de regarder si ce même Roi, qui avait seul alors le droit incontesté de faire la loi, aurait seul aujourd'hui le droit incontestable de la proposer : car enfin, celui qui a seul le droit de proposer approche beaucoup de celui qui a seul le droit de faire. Ce droit exclusif aurait d'ailleurs cet inconvénient, qu'il est une de ces lois qui, par leur énoncé net et simple, interdisent l'entrée à ces abus salutaires qui corrigent en dérogeant.

L'initiative, exclusivement réservée à la représentation, existe en Angleterre; elle convient à son aristocratie, et semble une attribution naturelle des gouvernements représentatifs;

mais en France elle blesserait les idées salutaires qu'on y a de la dignité royale. Cependant sa pratique, quoique funeste peut-être, n'aurait pas au moins le résultat directement inverse de l'initiative royale exclusive, celui d'ôter au Roi tout moyen de proposer la loi; et ici on trouverait dans l'abus le correctif que l'autre n'admet pas. Car, comme il faut toujours partir de ce point, qui est le pivot du gouvernement représentatif, que le ministère et la majorité n'y sont qu'un, le Roi, dût même son ministère ne pas faire partie de la représentation, serait toujours assuré de plusieurs membres influents qui, en proposant la loi comme représentants, donneraient réellement ouverture à l'initiative royale. Ainsi, dans cette espèce, l'initiative exclusive de droit à une des parties, serait commune de fait à toutes deux (1).

L'initiative réciproque est mieux adaptée à la monarchie, en ce qu'elle adjuge au Roi, comme droit, ce que l'autre ne lui laisse que comme tolérance. Elle peut se régler de deux manières, soit que le Souverain et la représen-

(1) Un homme célèbre a en outre judicieusement observé que la dignité royale y gagnerait en se bornant par le texte à juger, accepter et refuser, au lieu d'investir les chambres de ces nobles fonctions.

tation tiennent également du pacte social le droit de proposer la loi, soit qu'il donne au Roi seul le droit de la proposer, et à la représentation celui d'en provoquer la proposition. C'est, au premier coup-d'œil, une distinction de mots plutôt que de choses, et on pourrait dire que demander la proposition d'une loi est la proposer. Cependant il existe au fond une grande différence entre le droit de demander qu'il soit proposé une loi sur un objet fixe, et même dans un esprit déterminé (1), et celui d'organiser et construire cette loi *de proprio motu*; cela seul démontre que dans une monarchie où la liberté publique demande, pour son propre soutien, une grande puissance dans celui qu'elle envisage comme sa caution et non comme son adversaire, il importe d'admettre cette importante nuance dans l'initiative réciproque. Ce mode est plus conservateur de la dépendance d'une part, et du libre arbitre de l'autre. Il ne préserve pas le Roi d'être fatigué par des propositions réitérées; mais il l'exempte d'y répondre, de se retrancher dans un pénible *veto*,

---

(1) La Charte en France va plus loin, car elle dit, art. 19 : *Les chambres ont la faculté de supplier le Roi de proposer une loi sur quelque objet que ce soit, et d'indiquer ce qu'il leur paraît convenable que la loi contienne.*

et d'exercer aux yeux du peuple un rôle négatif qui nuit à l'amour, et peut arriver jusqu'à nuire à l'indépendance. On pourrait desirer seulement qu'il fût pourvu à ce que les formes, en procurant aux lois le degré de lenteur qui les mûrit, n'allassent pas jusqu'à celui qui entrave la marche des affaires.

A l'égard de l'AMENDEMENT, il faut convenir que c'est une des questions publiques dont les bornes sont le moins faciles à déterminer. La loi ne les pose ni ne peut les poser : cela seul en dit la difficulté et l'abus qu'on peut faire d'une règle qui n'a de limites que la raison et l'usage. Et, par exemple, la constitution française dit sur ce point : *Aucun amendement ne peut être fait à une loi, s'il n'a pas été proposé ou consenti par le Roi.* Or, de ce *qu'aucun amendement n'est* fait *que quand il est consenti par le Roi*, il résulte, par une conséquence immédiate, *que tout amendement peut être* proposé *par la représentation*, au risque *que cet amendement ne soit pas* fait *s'il n'est pas* consenti (1).

(1) D'ailleurs on parle ici d'une loi, par conséquent d'un acte déjà passé en parlement. Or, si les chambres ont le droit de

Quel champ illimité et que d'abus possibles, sans sortir de la lettre d'une constitution si sage ! Mais aussi, d'un autre côté, comment les prévenir ?

On pourrait, il est vrai, pour prévenir l'abus, entreprendre de trancher dans le vif, car cette question exclut les milieux, et décider en droit que la faculté de proposer des amendements n'existera pas dans la représentation, et qu'elle sera tenue de voter par *oui* ou par *non*. Mais qu'en arriverait-il ? Si c'est sur chaque article qu'elle vote, l'un sera rejeté, l'autre adopté, la loi sera tronquée, et il y aura de fait un amendement proposé sur la masse. Si, au contraire, elle doit voter sur l'ensemble, ce parti sera plus conséquent ; mais il ne laissera pas à la représentation un sentiment, une pensée, et l'autorité en éprouvera un contre-coup funeste ; c'est que la représentation, privée de l'usage de son jugement, sera réduite à celui de sa force ; qu'on la verra rejeter dans son ensemble une loi sage pour un article qu'elle improuve, et que la privation de l'amendement multipliera le rejet et entravera les affaires.

Le remède, en le supposant possible, sera

---

proposer un amendement à une loi faite, à plus forte raison ont-elles le droit d'en proposer un à une loi présentée.

donc en quelque sorte plus fâcheux que le mal. Cependant ce mal de l'amendement est grand ; il importerait d'y trouver des palliatifs : cherchons donc de bonne foi s'ils sont possibles, et examinons le en lui-même.

Sans doute la représentation peut se prétendre en droit d'amender un article en le modifiant, et nulle loi ne peut définir où s'arrête cette faculté de modifier. Elle peut aussi se dire en droit d'amender la loi ; car nulle distinction n'a interdit l'un en permettant l'autre : or, supprimer un article, en ajouter un autre, pourra être jugé un amendement à la loi ; comme supprimer ou ajouter une phrase, s'interprête un amendement à l'article. Voilà pour le nombre des mots et des articles. L'interprétation permettra la même latitude sur leur sens ; et jusqu'à ce qu'on en vienne à mettre *oui* au lieu de *non*, et *blanc* au lieu de *noir*, le champ des nuances restera libre aux modifications, et Solon ne poserait pas la borne où elles doivent s'arrêter. Il y aura donc une carrière sans limites ouverte à l'usurpation, ou une arène éternelle ouverte à la dispute, et nous avons peine à concevoir que toute la prudence humaine arrive à empêcher une représentation, munie de cette arme, d'en user, si elle est opposée au ministère, pour usurper l'initiative, proposer de fait la loi au lieu de la recevoir, et enlever en quelque sorte au Roi la proposition, *c'est-à-dire le gouvernement*, comme l'a fort bien remarqué un orateur judicieux et remarquable par l'esprit de conséquence à ses principes, dont nous ne discutons point ici le degré de justesse au fond.

Mais, si on ne peut enlever cette arme à la représentation, n'est-il pas de moyen de la lui faire déposer d'elle-même?

Nous n'en connaissons qu'un : c'est l'union du ministère avec la majorité. Tout nous ramène malgré nous à ce principe, parce qu'il est la source de tout dans le gouvernement représentatif, et que là où il est interverti, tout l'est nécessairement avec lui. Ainsi, de la violation d'un dogme, *le ministère dans la majorité*, résulte la violation d'une loi, *l'initiative royale;* et la représentation reprend par la déviation d'un principe, ce qu'on lui enlève par l'infraction d'un autre, *l'influence de la majorité sur le gouvernement.* Cette idée, qui n'est pas neuve dans notre ouvrage, nous aura peut-être fait taxer d'hérésie; car, dira-t-on, l'état représentatif se fonde au contraire *sur l'influence du gouvernement sur la majorité.* C'est ce dont nous convenons sans peine, et nous ajoutons, en prenant l'engagement de le démontrer plus bas, que ces deux propositions sont exactement identiques.

L'orateur dont nous venons de parler, et dont nous croyons devoir développer quelques raisonnements, a émis, dans sa doctrine de l'amendement, certaines idées dont nous ferons notre profit en les discutant dans l'esprit de notre thèse générale.

Il pense *qu'il est surtout des cas, comme par exemple le vote de l'impôt, où une chambre peut abuser des besoins du ministère pour multiplier les amendements et en arracher des concessions.*

C'est une vérité funeste dont on ne peut disconvenir, et qu'on peut même généraliser encore plus, en disant que, si une chambre n'est pas d'accord avec le ministère, elle usera de ses droits, moyens et circonstances favorables pour le traverser et pour regagner de l'empire: c'est la marche de l'esprit des assemblées comme de l'esprit humain, et, si une chambre n'use qu'à demi de ces moyens, il faudra rendre grâce de ce ménagement à des considérations étrangères, qui, par malheur, peuvent venir à s'atténuer et laisser une carrière encore plus libre à son aggression ou à sa résistance. L'époque d'un budget sera alors un temps d'épreuve pour le ministère. La représentation en usera ou abusera ; et si elle manque d'arriver par l'amendement à faire proposer telle ou telle loi, elle y parviendra par le rejet. Ceci, en effet, est la seule vraie attribution, la seule puissance réelle de la représentation, *refuser les subsides.* Ce moyen la mène à tout; il est immense; il l'est trop peut-être ; il envahit l'État; il peut le compromettre. Cependant, point de gouvernement représentatif sans lui. Est-il contesté en Angleterre? *Non.* Y est-il abusif? *Non.* Quelle en est la cause ? — C'est que le ministère est dans la majorité à qui ce droit appartient, et qu'il en jouit en son nom.

Cet orateur ajoute, que *le ministère une fois vaincu, marche de défaite en défaite.*

C'est un des plus déplorables effets, et en même temps le plus inévitable de cette division. Nous n'y connaissons qu'un remède, c'est que le ministère *vaincu* qui cesse d'avoir la majorité, cède sa place à un ministère qui la possède : alors le désordre et le scandale cessent, et il n'y a plus de *défaite* à craindre.

Il importe, pour bien s'entendre sur cette grande question d'union entre la majorité et le ministere, de remonter à la source de tout, et, en revenant sur ce que nous avons avancé dans notre premier chapitre, d'établir nettement un principe, dont ce que nous appelons principes n'est réellement que la conséquence : c'est que dans le gouvernement représentatif, pris dans son sens absolu, c'est véritablement le peuple, ou l'aristocratie qui le représente, qui est l'unique législateur. Voilà de quoi faire reculer beaucoup de publicistes. Expliquons-nous pour nous rapprocher, et prenons un exemple pour être clairs.

En Angleterre, la lettre de la constitution donne bien au Roi un tiers du droit législatif; mais le fait le lui retire; car, en tout pays, celui qui donne ou refuse librement l'impôt, est le vrai maître; et si le roi d'Angleterre était assez mal conseillé pour vouloir, en s'enfermant dans la lettre de la constitution, user, sans autres moyens de puissance, de son tiers de législation, pour refuser toute loi qui lui serait proposée, il se verrait bientôt réduit par famine à les accepter. Son droit se réduit donc à zéro; et, dans l'esprit de la constitution, le peuple représenté est le seul législateur de fait. Mais il est dans cette constitution une arrière-pensée, un esprit d'un ordre plus élevé, qui, invisible comme la divinité, est en effet le vrai moteur de l'Etat : c'est que ce Roi auquel la charte donne peu par la lettre et rien par l'esprit, tient d'ailleurs d'elle une puissance séparée du pouvoir législatif, dont l'influence, sans titre convenu, fait qu'il attire à lui la part législative de la représentation, traite de son double droit, l'absorbe, agit en son nom par la majorité qu'il acquiert, et, rassemblant en lui-même les trois parts de la législation, exerce un pouvoir sans bornes (1). Voilà le fait; mais il ne détruit pas le principe, qui est que la majorité, soit par elle-même, soit par le mandataire qu'elle se donne, soit par le conseil dont elle l'entoure, exerce seule le pouvoir législatif. Quand l'État est paisible, c'est le Roi, ou son ministère, qui en use en son nom : mais il peut survenir de loin en loin une exception au bon abus qui rejette dans la mauvaise règle : alors la représentation retire son mandat, redevient maîtresse ; et, comme cette situation ne pourrait durer sans anéantir l'autorité royale, aussitôt que le ministère a perdu la majorité, la majorité gagne le ministère ; le Roi dispose

(1) Il ne faut point perdre de vue qu'au nom du Roi agit un ministère, qui est l'extrait de la majorité, laquelle est elle-même celui de l'aristocratie. Ainsi ce qui se dit ici d'un pouvoir sans bornes dans la personne du Roi, ne se dit de lui que comme personnifiant le gouvernement, et appartient réellement au gouvernement même.

d'elle comme auparavant, et l'ordre se rétablit.

C'est ainsi que, comme nous nous sommes engagés à le démontrer, l'influence de la majorité sur le gouvernement et l'influence du gouvernement sur la majorité, sont deux propositions identiques, parce que le gouvernement et la majorité sont eux-mêmes deux choses identiques par leur fusion indispensable.

Le même orateur observe encore, *qu'en Angleterre, il est vrai, les communes proposent la loi sans inconvénient.... mais que l'Angleterre n'est pas une monarchie.*

Cela est assez conforme à ce que nous venons de dire; il faut pourtant y admettre ces modifications: 1°. Que les communes ne proposent la loi sans inconvénient, que parce que c'est en effet presque toujours le Roi, ou le gouvernement, qui la propose sous leur nom: ce qui, à la dignité près qui n'y est peut-être pas assez respectée, revient au même que ce qui se pratique en France. 2°. Que, de ce que l'aristocratie est la vraie puissance en Angleterre, il ne faut pas en conclure que cet empire n'est pas une monarchie, mais seulement que ce n'est pas le Roi qui y est Roi; car, par une de ces combinaisons étranges que présente ce pays, l'aristocratie y règne en Roi et par un Roi : admirable hasard, car c'est trop pour la sagesse humaine, qui procure une unité éternelle à un corps qu'on verrait, sans cela, diviser ses intérêts et déchirer l'État et lui-même.

Au reste, le raisonnement de l'orateur ne peut conduire qu'au même résultat que le nôtre ; c'est que, dans tout gouvernement représentatif il y aura, non pas absence de monarchie, mais une monarchie très mitigée ; et que, dans tout gouvernement représentatif, on arrivera au même point que l'Angleterre, si on a les fortes bases qui la soutiennent. Si, au contraire on ne les a pas, et qu'on ne puisse ou ne veuille pas se les donner, nous ignorons où on arrivera.

Il ne faut point de partis en France comme en Angleterre, a dit l'orateur.

En effet, il serait bon que la vertu régnât et que l'intérêt fût banni de la terre ; mais elle est habitée par des hommes ; c'est pour eux qu'on fait les gouvernements ; et, ne pouvant pas toujours les faire contre leurs vices, on les fait avec leurs vices. Le gouvernement représentatif en est un des exemples les plus frappants ; car il n'en est peut-être aucun qui employe, pour arriver à l'intérêt public, une plus grande masse d'intérêts personnels, ni plus d'éléments hostiles pour parvenir à la paix. Ainsi, par exemple, il n'y a point de gouvernement représentatif sans opposition, ni d'opposition sans partis: cela existe en Angleterre, et existera partout où sera une représentation du même genre. Les publicistes français auront beau répéter cent fois: « Nous ne sommes pas l'Angleterre ; » le seul moyen de le prouver, serait de n'avoir pas le même gouvernement. — « Mais nous n'avons pas ses mœurs, son caractère, ses modes. » — Hé bien, vous n'êtes pas l'Angleterre sur tous ces points ; mais vous avez son gouvernement, vous êtes donc l'Angleterre sur ce point là. Tout ce que vous parviendriez à prouver, c'est qu'un autre vous conviendrait mieux pour assortir le gouvernement avec les habitudes, et que si votre gouvernement ne change pas vos mœurs, vos mœurs changeront votre gouvernement.

CHAPITRE X.

De la parole dans les assemblées.

DANS un Etat régulier (toute hypothèse sur l'Etat le suppose tel), le meilleur gouvernement sera celui où on fera le moins de lois, et l'assemblée la plus sage, celle où on fera le moins de discours. La représentation imposera donc des formes à la parole, et lui assignera des limites dans son enceinte ; mais elle opérera en elle-même des subdivisions où la parole pourra jouir sans danger d'une liberté plus vaste dans un cercle plus étroit, et ce qui s'en dépensera dans ces comités, viendra en économie au profit du repos de l'assemblée.

Il y a en effet un milieu sage, non entre toutes choses, mais entre toutes choses extrêmes (différence dont on calcule trop peu l'étendue) ; il y a un milieu sage, peut-être plus facile à trouver de nos jours où l'expérience l'indique, parce qu'on y a connu les extrêmes, que dans les temps calmes où les extrêmes, et par conséquent leurs milieux, ne se montrent qu'en théorie.

Deux exemples contemporains s'offrent à

nous comme des phares pour signaler ces écueils opposés. Le premier est celui de l'assemblée nationale de France, où la parole appartenait, non seulement au premier occupant, c'est-à-dire au plus fort, sans rang, sans ordre et sans frein, mais encore aux spectateurs avec un degré d'audace qui transportait le sénat dans les galeries, et apprit à calculer, le compas à la main, jusqu'où le sort d'un empire pouvait dépendre de la longueur d'une banquette, et à quelle mesure une tribune pouvait s'étendre sans compromettre l'ordre de la législation.

Le second fut le corps dit législatif, espèce de pyramide d'Égypte, où les restes des Pharaons populaires étaient rangés dans un silence éternel.

Ces deux institutions furent admirablement calculées dans leurs buts respectifs. L'une pour établir le despotisme de la foule, et l'autre pour établir celui d'un seul homme; toutes deux remplissant leurs fonctions préfixes dans l'Etat; dans la première, des furieux organes de ses crimes; dans la seconde, des muets instruments de son supplice; toutes deux conséquentes à leur institution, puisqu'elles atteignirent leur but.

Il est, sans doute, moins facile d'être conséquent dans les milieux que dans les extrêmes. Tout permettre et tout affranchir, tout défendre et tout enchaîner, ce sont des choses simples au conseil, faciles à la force, et il n'y faut pas de hauts calculs de sagesse.

Mais admettre la liberté avec ses limites, la force qui aspire avec la force qui réprime, prendre un vrai milieu enfin, et, ce qui est plus embarrassant, y fondre les extrêmes; c'est le centre douteux dont on n'approche que plus ou moins. Or, ce qu'on fait à cet égard dans un temps sage pour toutes les choses publiques, on le fait aussi pour la parole publique qui est, non seulement le tribunal dont elles relèvent, mais encore la source dont elles émanent.

La parole sera d'autant plus influente que l'auditoire sera plus nombreux. On persuade plus aisément cent personnes qu'une, et sans y chercher des attractions mystérieuses, la raison en est simple et parle de soi. L'homme qui parle est actif; celui qui écoute est passif. Sont-ils un contre un? La lutte est égale, et son résultat nul si l'auditeur n'est pas persuadé; mais dans deux auditeurs l'orateur aura une chance de plus; s'il en gagne un, les voilà deux contre un seul, et la victoire est assurée : cette chance s'étend de plus en plus à mesure que le nombre des auditeurs augmente.

La parole doit donc être plus circonscrite à mesure que l'assemblée l'est moins. Nous la voudrions muette là où elle pourrait s'adresser à tous.

Il existe, il est vrai, et peut-être pour le châtiment et l'épreuve des temps modernes, des moyens de répandre la parole d'un seul homme au large et au loin, et de lui donner tout un peuple pour auditoire ; mais ils entrent dans des considérations plus générales sur la parole publique qui sortiraient des bornes de notre sujet et que nous nous réservons d'examiner ailleurs.

La parole sera aussi d'autant plus influente qu'elle se fera entendre dans des temps plus agités ; car ces temps fournissent à la fois une plus grande variété de conceptions et plus d'inclination à les saisir comme à les quitter. Dans les assemblées, la mobilité peut suppléer au nombre en multipliant les hommes par leurs opinions. D'ailleurs, c'est précisément dans les temps où les auditeurs seront plus faibles à la défense, que les orateurs seront plus forts à l'attaque. Alors les orateurs, prenant leurs idées dans un cercle plus vaste et par un choix moins sévère, manieront, par cela même, des armes plus redoutables. Alors encore ces armes, mal séantes aux mains des hommes sensés, seront toutes dans celles des hommes extrêmes; en sorte qu'à des athlètes vigoureux se joindront des armes terribles et exclusives.

De-là naissent, dans ces temps, les miracles et aussi les ravages de l'éloquence; car cette noble puissance, considérée dans son rôle politique, avouons-le avec franchise, n'est réellement une puissance que là où elle commence à nuire, et ses ruines naissent avec son empire. Nous lisons avec délices les grands orateurs de l'antiquité; mais, en sentant combien nous sommes heureux de les lire, sentons-nous assez combien nous sommes heureux de ne les pas entendre? *C'est là où les choses ont été en perpétuelle tempête, qu'ont afflué les orateurs*, dit Montaigne, et ce pays est à coup sûr heureux et paisible où l'éloquence se tient à la chaire et au barreau, et ne monte pas jusqu'à la tribune : il fera l'ennui de l'histoire, mais il fera le bonheur de la famille.

Que doit-on en conclure? Que la parole doit être réprimée en proportion de l'agitation des temps. Mais ici, où nous ne raisonnons plus dans l'hypothèse d'un État réglé, le sol nous échappe; la théorie seule nous reste, et l'agitation des temps qui exige en droit l'esclavage de la parole, établit en fait sa liberté.

On devra donc compter sur peu d'éloquence dans une assemblée paisible, et, loin de s'en plaindre et de déplorer ce que les talents y perdent, il faudra s'en réjouir et considérer ce que l'Etat y gagne.

Que demande en effet le bien public dans une pareille assemblée? Une discussion froide et raisonnée des intérêts de l'Etat. Qu'ont à faire dans ce haut intérêt les inflexions de la voix, l'expression du visage, l'empire des gestes et les tours oratoires? Un tel parleur est un homme à couronner au théâtre, mais à noyer dans une république : s'il est Démosthène, qu'il parle au Pnyx, et qu'il perde ou sauve la patrie.

Sans doute nous n'établissons rien d'absolu que les principes: la lettre tranche; mais l'esprit nuance, et nous ne sommes pas assez géométriquement exclusifs pour bannir des exceptions mesurées; mais certes, entre cette élocution brillante qui donne force de raison à des idées spécieuses, qui séduit par la rhétorique, qui frappe par les images, parle aux passions et entraîne par le feu du discours, entre cette élocution et la diction pesante et monotone qui développe longuement une raison simple et méthodique, nous n'hésitons pas à préférer la dernière, et nous fuyons le plaisir qui aveugle pour embrasser l'ennui qui éclaire.

On a dit que c'était un grand art de savoir s'ennuyer : cette sentence peut n'être pas vraie partout; mais elle l'est à coup-sûr dans une assemblée politique. Comme on n'y est pas pour son plaisir, on doit s'y armer de rigueur contre soi-même, et il faudrait presque prendre en défiance tout ce qui l'y excite. L'homme public doit s'y résigner d'avance à l'ennui, qui n'est pas toujours l'escorte des choses sérieuses, mais qui s'y rencontre plus souvent qu'ailleurs; et, à tout prendre, il y est bien moins mortel que dans les choses frivoles, en ce qu'au moins il est prévu, qu'on ne vous trompe pas, et qu'on vous donne l'ennui pour de l'ennui, et non pour de l'amusement.

Il est des nations légères qui se sentent plus déroutées que d'autres quand elles se trouvent appelées à des choses graves, surtout si les hommes chargés de les discuter n'en ont pas, par état, pris cette longue habitude qui fait d'eux une nation à part, et les purge de la légèreté originelle.

C'est, parmi ces nations, une insupportable

corvée que l'ennui ; et la raison, sous une forme nue et pesante, perd trop souvent près d'elles son privilége de raison.

La raison cependant fait rarement, et non sans péril, le sacrifice de ses formes naturelles. C'est donc aux hommes destinés à l'entendre, de se réformer eux-mêmes, et d'accepter d'avance le poids des chaînes qu'elle impose. C'est à eux d'entreprendre, par un esprit public utilement dirigé, de plier leur attention à la fatigue, et d'apprendre à dégager la sagesse du fond, de la sécheresse des formes. Il lui importe de se forcer au silence, de bannir les interruptions, les a-parte, les murmures, les cris, les applaudissements, tous ces témoins d'une impatience dont la ruse ou la folie sauront trop tôt abuser; enfin de s'élever sur les grandes et importantes questions, à cette admirable faculté de patience que les Allemands portent aux choses les plus puériles, et où on achète, par un peu d'ennui personnel, une grande solidité générale.

Nous oserions même demander que l'homme à talents, au moment où il monte à la tribune, laissât sur son banc tous les prestiges de l'éloquence, fît le sacrifice de ses triomphes, et ne gardant de son génie que la profondeur et la justesse des idées, en rejetât les décorations comme un auxiliaire indigne de sa cause et une séduction dangereuse à son auditoire.

La même considération nous ferait, contre l'opinion commune, préférer dans la tribune le discours lu ou récité les notes à la main, comme un gage visible de son élaboration, au discours débité de mémoire, et surtout au discours improvisé.

Le discours lu ou récité occupe physiquement le corps, absorbe matériellement une partie de l'attention de l'orateur, et lui interdit les mouvements étrangers.

Le discours débité lui en laisse davantage, mais toutefois il l'occupe de sa mémoire, et en même temps le renferme dans le cercle qu'elle lui trace.

Mais le discours improvisé l'affranchit de toutes les entraves, lui livre tous les prestiges. Au physique, il dispose de l'empire des gestes et des intonations : au moral, il se développe à sa volonté, sans autre guide que son inspiration; et à tant d'armes dans un être raisonnable pour égarer la raison d'autrui, il faut ajouter que son propre essor l'égare lui-même de manière qu'il peut plus facilement cesser en parlant d'être homme raisonnable; si toutefois ce mal n'est pas fait d'avance, et s'il n'est pas vrai de dire que ce même enthousiasme, d'où naît une éloquence exaltée, naît rarement lui-même d'un esprit sage.

Nous sommes loin toutefois de nier qu'en certains cas le discours improvisé ne soit utile et même nécessaire. Il le devient quand la discussion et le développement d'une question font jaillir à l'improviste de nouvelles idées; ou bien quand une erreur, un sophisme, une fausse allégation pourrait égarer les esprits, et qu'il importe de les réfuter avant qu'elles aient pris racine dans l'assemblée.

Ainsi, pour appuyer ceci d'un exemple, si on supposait que dans une question de propriété, un orateur entreprît de légitimer la spoliation d'une communauté, en faisant valoir la foi donnée aux créanciers de l'État sur cette hypothèque étrangère, ce conflit d'intérêts, présenté avec art, aurait quelque chose de spécieux qui pourrait troubler les consciences de l'auditoire, et il importerait qu'on pût immédiatement lui répondre avec Burke : « Que c'est à la propriété » du citoyen, et non pas aux réclamations des » créanciers de l'État, que la foi première et » originaire de la société civile est engagée, et » que le droit du citoyen a la priorité du temps, » la primauté du titre, et l'avantage en équi- » té. » Il importerait de lui répondre encore, que l'État, qui est la communauté quand il agit seul, devient un individu quand il traite avec un de ses membres ; que, par conséquent, il ne s'agit plus alors de loi absolue, mais de loi synallagmatique; enfin qu'un homme ou un État ne peut engager à ses créanciers le bien d'autrui, et que s'il l'a fait quand il était le plus fort, la violence ne constitue pas le droit.

Nous pensons que l'orateur, auquel on pourrait opposer immédiatement une réfutation de ce genre, se verrait contraint de dépouiller les sophismes, et d'aller franchement à son but ; c'est-à-dire d'avouer que l'État a besoin d'argent, et que la disette le réduit à blesser la justice. Cela serait, sinon juste, au moins franc et conséquent, et tout ce qu'on aurait à y répondre, c'est que, la disette de morale et de justice étant encore plus grande que celle d'argent, c'est à celle-là qu'il faut avant tout subvenir ; que, quant à l'autre, l'argent s'acquiert par la confiance, non d'un banquier, mais d'un peuple, et la confiance par l'équité ; qu'enfin, l'État dans son malheur est composé de malheureux; que la priorité du malheur est à ceux qui ont été ruinés en entier pour couvrir la ruine partielle des autres ; et que, pour couvrir un déficit, il vaut mieux, toute justice à part, imposer leur bien que le prendre.

Le discours improvisé serait donc toléré, pourvu qu'il fût court, nécessaire et *ad hoc*, et qu'il vînt au secours ou à l'attaque d'une question, au lieu d'en entamer une nouvelle.

La même considération fait sentir la necessité d'un cas d'exception, qui laisse à un membre la faculté d'obtenir, dans un cas urgent, la faculté de parler hors de son rang d'inscription. Sans cela, le discours prémédité que l'ordre du tableau fait succéder à une opinion erronée, n'en contenant pas la réfutation, laisserait aux idées fausses le temps de prendre pied dans l'assemblée.

Cet ordre même qui règle la parole par un rang d'inscription, cet ordre matériel, en même temps qu'il est indispensable dans sa règle, n'est pas sans inconvénient dans ses effets. Là où il est admis, on ne lutte plus, il est vrai pour parler, mais pour en obtenir le droit. L'inscription est un prix qui se gagne à la course. Le vieux, le sage, l'attentif, celui qui est plus occupé d'écouter que de parler, vient à pas lents prendre le trentième billet; l'ingambe emporte le premier. La jeunesse a tous les moyens de parler, la sagesse toutes les chances pour se taire, et Cicéron boiteux serait inconnu dans une assemblée ainsi réglée. Ce petit abus peut engendrer de graves inconvénients. Le temps et l'expérience peuvent amener des moyens de le rectifier, comme ils peuvent aussi amener un empressement moins général à parler, et une plus grande disposition à entendre.

Si nous traitions de la parole en la considérant, non plus comme l'expression de la pensée individuelle, mais comme celle de la pensée générale d'une assemblée, nous aurions alors à faire remarquer qu'une assemblée ne parle que par ses résolutions, et qu'en conséquence, dans ses rapports avec l'extérieur, elle ne peut être examinée et jugée sur autre chose; que tout ce qui a pu se dire dans un sens différent, soit en-deçà, soit au-delà, est censé muet, et que les bruits qui s'en épandent au dehors ne portent ni foi ni crédit. Ceci serait une leçon oiseuse là, où le long usage de la représentation réduirait ces rumeurs de contrebande à leur néant légitime; mais là, où, cet usage manquant, la malveillance s'en ferait une armée de moulins à vent pour les combattre, encore faudrait-il constater qu'une assemblée n'est comptable que de ce qu'elle dit par la bouche de sa majorité; que si un représentant parle, si un journal le répète, si un salon le publie, eux seuls en doivent répondre, et qu'on n'aura pas plus le droit de juger un corps fou ou exagéré, parce qu'un de ses membres aura été l'un ou l'autre, qu'on n'a le droit de juger une ville en démence, parce qu'il s'y trouve un hôpital des fous.

Nous avons examiné ce qui touche à la parole et à l'orateur, quant au fond, et par rapport aux sujets qu'elle traite. On pourrait en dire aussi beaucoup sur les formes qu'elle affecte, la façon dont elle s'échange entre les membres d'une chambre, enfin en quelque sorte l'étiquette de la discussion. Ce ne sont point aux esprits justes des considérations puériles, et les choses ne sont pas superficielles par cela qu'elles règlent des superficies.

Il y a une science d'égards et d'urbanité, une mesure de politesse sociale qui étend son empire aussi légitimement sur les relations civiles et politiques qu'ailleurs. Les hommes graves et publics se respectent toujours eux-mêmes. Quand ce n'est pas dans leur caractère personnel, c'est au moins dans leur caractère public. Or, on ne respecte point un caractère en soi sans le respecter dans les autres. Il en résulte une bienséance de corps, où l'accord extérieur préserve l'harmonie intérieure, et l'hostilité se tempère par la courtoisie.

Ainsi, là où la modestie manque dans le

cœur, elle devra régner dans les paroles ; car si vous discutez une question, vous ne parlez ni à un parti ni à un autre, mais à la chambre. Défiez-vous donc ; car c'est une opinion devant des juges. Si vous attaquez ou réfutez, c'est opinion contre opinion ; défiez-vous encore ; car il est reçu qu'en droit on ne préjuge pas pour soi-même, et qu'en courtoisie on préjuge pour les autres.

Nous craindrons donc de nous arroger un ton altier, une attitude dédaigneuse, un tour ironique, un discours magistral. Contre un seul, ce serait manque d'éducation ou de bienséance; contre une assemblée, ce serait crime ou démence ; et dussions-nous avoir raison au fond, dût-il y aller du salut de l'État, la vertu de provoquer le bien général n'absoudrait pas le scandale d'insulter la majesté publique.

Que dire de l'emploi du ridicule et de la plaisanterie ? La dignité d'un sénat est blessée quand le sourire approche des choses graves. L'esprit se révolterait, en voyant des choses si légères s'introduire dans une assemblée de magistrats : comment les concevoir dans une assemblée de législateurs ! Dans une si sainte lice, les armes courtoises sont seules admises, et celui qui attaque avec le sarcasme ou l'ironie, emploie le stilet ou la dague.

Un des plus grands services que les assemblées politiques pussent rendre au caractère d'une nation, ce serait d'en exclure, comme idiome étranger, cette langue perfide et équivoque dont l'usage altère la sincérité du cœur par la duplicité de l'expression; alors le railleur, réduit à parler une langue morte, verrait sa plaisanterie gauchir contre le sang-froid de l'auditoire, et tomber de tout son poids à terre. On ne reviendrait pas deux fois à une semblable épreuve.

Ceci n'est point une remarque superficielle; la plaisanterie, dans les choses graves, dénote un cœur étroit et flétri, exempt de ces nobles inspirations qui s'allient si bien aux fortes et sévères pensées, jaloux ou dédaigneux des autres, épris et glorieux de soi-même. Le peuple, où ce vice bas et frivole dominerait, ferait préjuger contre son caractère, et on pourrait affirmer qu'il y a peu de religion, là où on rencontre beaucoup d'orgueil, et qu'il y a peu de solidité, là où il se revêt de formes frivoles. Le ridicule a d'ailleurs cela de dangereux, qu'il est ordinairement réduit à s'exercer sur les choses les plus nobles de la nature; car le vice s'y offre rarement et le crime jamais; mais en revanche, c'est le vice qui le donne. Au contraire, la vertu se présente à lui sans défense;

son innocence qui ne se défie pas, sa modération qui supporte, sa modestie qui ne s'arroge ni n'attaque, le laissent sans peine approcher; bien plus; son ignorance du monde, qui en blesse les formes, le provoque et l'attire; car cet allié du vice est toujours aux avant-postes, faisant feu sur quiconque ne porte pas sa livrée: tant il est vrai qu'on n'est point exempt du ridicule, sans qu'il en coûte un peu de corruption; qu'il faut un peu de vice pour ne le pas recevoir, davantage pour le donner, et qu'il faut enfin être parvenu soi-même à une suprême absence de vertu, pour prétendre au triomphe d'en faire rire les autres.

CHAPITRE XI.

De l'Étiquette dans les assemblées.

Ce que nous avons établi dans le chapitre précédent nous conduit naturellement à parler de l'étiquette.

Ce sujet fera peut-être sourire. Le mot est petit dans notre langue, et l'acception routinière le renferme à la législation des galons, des visites et des révérences. La langue d'un peuple qui aurait jugé l'importance des formes nous en donnerait peut-être un qui peindrait l'empire moral des signes, des distinctions, des préséances, des costumes et de tous les honneurs visibles.

Nous n'avons point encore le mot, mais nous avons acquis l'idée, et nous la rattachons bien ou mal au vieux mot d'étiquette. On sait enfin aujourd'hui que cette science n'est pas toute entière dans les surfaces ; mais il a fallu de dures leçons pour le démontrer, et nous l'avons vu long-temps traitée de frivolité par la sagesse humaine, avant d'apprendre que cette sagesse était aussi chose frivole.

Tout ce qui est grand ou doit l'être a besoin d'une garde autour de sa puissance. Il en est de deux sortes, l'une est la force, l'autre le respect. La première exige des armes; elle agit sur la résistance, traite avec un sentiment hostile, le subjugue aujourd'hui et peut un jour le redouter; la seconde se contente de digues; elle règne sur la soumission, dirige un sentiment concilié, et n'a ni violence à employer, ni révolte à craindre.

Dans le domaine de cette dernière, est compris tout ce qui touche à l'étiquette ou au cérémonial. L'un et l'autre doivent être d'autant plus puissants, que la grandeur qu'ils défendent est plus sujette à faiblesse.

Cependant cette étiquette doit avoir des bornes relatives calculées sur le genre de dignité à laquelle elle s'applique, et sur la situation où on l'emploie. Elle aura besoin d'être ponctuelle et rigide, là où des troubles politiques en auraient effacé la trace, et où l'absence des préjugés ou des vraies lumières (l'un a souvent été pris pour l'autre) en aurait affaibli le prestige. Il faudra, il est vrai, dans une pareille position être attentif aux principes sur lesquels on la fonde, afin que des esprits qui se sont enhardis à discuter trouvent un fond solide à leurs formes légères; car il en est de l'étiquette comme de toutes les lois : tant que rien n'y a changé, l'habitude y suffit, la réflexion se tait, et la plus ridicule forme est légitime et sacrée par sa généalogie (1). Mais, quand elles ont été détruites, ne pouvant plus les édifier sur la paisible base de l'habitude, on est reduit à le faire sur la base pointilleuse du raisonnement : tâche difficile, que de démontrer au grand jour l'utilité de ces choses à gens qui ne savent point respecter sans mystères, et où, démontrer, c'est détruire.

Au contraire, l'étiquette pourra se relâcher de sa discipline dans un pays paisible et en possession de vieilles et fortes lois. On ne la rencontrera guère dans la vie civile; il faudra la chercher dans les archives plus que sur les habits ; mais tel, qui ne la voit pas tous les jours, se prosternera une fois l'an sur son passage,

(1) Il est assez piquant d'observer que ce que nous appelons la valeur spécifique des formes, c'est-à-dire la magie que l'imagination y attache, est véritablement leur valeur intrinsèque, celle d'un dogme social, d'une illusion utile, ayant force de loi, titre d'antiquité, et enregistrée à son rang au rôle des vieilles institutions ; en sorte que la philosophie, en croyant souffler sur une chimère, va plus avant qu'elle ne croit, sappe un principe fondamental et confond les vraies lumières qui sont au fond avec le préjugé qu'elle trouve à la superficie.

et une page de réglemens aura plus de poids dans ce pays que l'encyclopédie du cérémonial dans un autre.

En Angleterre, les membres de la chambre des communes n'ont point de costume, et leur cérémonial se réduit à la masse et à la perruque d'état de l'orateur. Les lords n'ont eux-mêmes d'habit de corps que dans les occasions solennelles; mais l'immense propriété dans les uns, la puissante noblesse dans les autres, et, plus que tout, la jouissance immémoriale dans tous, ennoblit le frac, et le revêt de plus d'or et d'hermine que tous les nobiliaires de l'Europe n'en sauraient inventer. L'étiquette est toute dans l'imagination du spectateur, et les acteurs en ont le profit sans en avoir la peine.

Cette sécurité dans la possession d'une pleine puissance, non contente d'élever au-dessus des formes, permet encore cette grâce de la grandeur qui les déguise. On sait bien que celui qui a de droit un cordon, une étoile, ne perd rien à la modération de les dissimuler, et il y gagne tout le mérite de cette modestie, dont on sait gré aux grands, comme si elle n'était pas leur meilleur calcul et leur dernier succès. Ceci toutefois est vrai partout, hors en Angleterre, où l'usage des distinctions visibles est si rare, qu'il n'y a plus de modestie à les cacher, puisqu'il y aurait du ridicule à les produire.

Mais où trouver, ailleurs qu'en Angleterre, cette mesure de perfection par laquelle on est grand, aux yeux de la foule, sans forme et de sa grandeur personnelle? Nous avons vu quelquefois cette merveille dans d'autres pays; mais elle y était une merveille, une chose citée et admirée, et non un usage commun et familier. Nulle part, ailleurs qu'en Angleterre, nous ne l'avons vue réduite en système et passée en force de loi; de sorte que c'est chose commune, et dont les grands ne se font pas plus un mérite que les petits une surprise.

Tout ceci explique comment, par un amalgame qui serait inconcevable, si l'habitude ne conciliait tous les contrastes, nulle part les degrés de la hiérarchie ne sont plus solides et à vive arrête, et nulle part, cependant, l'usage ne les fond par plus de nuances; comment, nulle part le dogme et la loi n'ont mis plus d'inégalités, et nulle part l'usage n'égalise davantage; comment, enfin, nulle part le supérieur n'est plus enclin à céder, parce qu'on respecte sa place, et l'inférieur moins disposé à usurper, parce qu'il connaît la sienne: chef d'œuvre, il faut le dire, de l'éducation religieuse qui soumet d'enfance toutes les inclinations; car là où le petit rampe sans peine, le grand descend sans crainte; mais là où l'éducation serait athée et ambitieuse, le petit, fatigué de la plaine, ne rêverait qu'escalades (1); et le grand, retranché sur ses sommets, ne méditerait que fortifications. Ceci doit s'entendre, toutefois, d'un pays où les grands auraient des châteaux.

Pour revenir de cette digression aux costumes qui nous y ont conduit; si nous examinons maintenant cette matière ailleurs qu'en Angleterre, supposons en France, on pourra y trouver convenable que les membres de la représentation portent un costume, qu'ils ne puissent paraître sans lui dans leurs assemblées, et que la police des chambres n'y reconnaisse pas un représentant en frac. Il ne s'agit pas ici de considérer si cette mesure est

---

(1) Nous avons vu tout récemment, dans une assemblée d'élection, des gens de campagne se confédérer, se dire : « Point de nobles, point de grands propriétaires; élisons » entre nous; la chambre des députés est instituée pour ré» sister au Roi; ces gens-là lui seraient dévoués. » Ainsi ces braves politiques ne songeaient qu'à renverser les grands pour se mesurer contre le Roi.

bonne intrinsèquement, mais si elle l'est relativement à la situation donnée de ce royaume.

Il faut convenir qu'on s'y trouve à cet égard dans une étrange position et dont toute la sagesse humaine aurait peine à se tirer avec avantage. Nous venons de voir un pays où on est grand par soi-même, et où en même temps l'étiquette, comme ces images dont parle Tacite, est d'autant plus remarquée qu'elle est moins vue. En voici un, au contraire, où toute importance personnelle est finie. Où sont ses grands? Leur fortune détruite les rapetisse devant la foule; leur puissance renversée les annulle devant la politique; et leur nom, qui reste, leur est disputé par la philosophie. Il n'y existe donc point d'aristocratie. La hiérarchie y est une pente au lieu d'être un degré; personne ne sait sur quelle marche il est placé; mais nul ne se croit en bas, et cependant tous aspirent à monter.

Certes dans un tel Etat, où manque la vraie force morale, il importerait beaucoup d'avoir une armée de forces idéales. C'est là que toutes les puissances de l'étiquette devraient être appelées au secours: il ne s'agit plus de les économiser; car il faut bien prendre le vulgaire par les yeux pour arriver à son ame; et comme dans le premier exemple on cache l'habit là où le corps est visible, il faut, dans le second, montrer l'habit là où le corps est évanoui.

Mais, que deviendra cette dernière ressource, si les hommes qui ont perdu le respect du fond ont aussi perdu le respect des formes? Que deviendra-t-elle, si on a été plus loin encore, et que, non content de les faire mépriser, on soit allé jusqu'à les faire haïr?

Après les premiers orages de la révolution, tout étant avili, hommes, choses et formes, et la carmagnole étant devenue l'étiquette du pouvoir, cinq rois sortirent de la fange où tout était embourbé de niveau. Ils se couvrirent, eux et leurs ministres, d'or, de velours et de plumes; mais ils eurent beau faire, les rois étaient trop vils, le peuple trop instruit: la pourpre n'honora point l'homme, et l'homme déshonora la pourpre. Les costumes tous neufs furent aussitôt usés; car les plus neufs sont ceux qui durent le moins. On les prodigua davantage, et ils s'usèrent encore plus. Enfin il vint un homme qui ne voyait rien dans le monde que des armées, qui ne supportait que des uniformes, et auquel un corps quelconque ne présentait que l'idée d'un régiment. Dès lors tout, jusqu'aux hommes de lettres, fut enrôlé de manière à pouvoir manœuvrer au besoin; tout reçut un costume, et tout costume fut militaire. Des législateurs, des sénateurs durent délibérer en armes; et si la magistrature n'eût pas sauvé sa robe de la révolution, nous verrions aujourd'hui juger le chapeau sous le bras, et plaider l'épée au côté.

Cette profusion ridicule, en même temps qu'elle acheva de décréditer le costume, le marqua de la haine qu'inspiraient et le maître et son régime éternellement militaire.

Inférera-t-on de-là qu'il eût été plus sage d'en dispenser la représentation? Nous serions embarrassés de le décider. Cependant nous inclinons à penser que, comme le costume n'agit plus sur l'esprit du peuple, il eût peut-être été prudent d'en affranchir ses yeux, et de le ramener au respect par la rareté. Nous ajouterons même une considération, moins futile au fond qu'elle ne le semble dans la forme, c'est que, toutes les fois que le costume n'appartient pas à un corps solide où il se montre comme sa propriété, il réveille, surtout s'il a cette apparence militaire, enseigne de la discipline et de la dépendance, il réveille, disons-nous, l'idée involontaire de soumisssion au pouvoir par qui il est donné.

Nos idées, sur l'économie du costume, se trouvent en partie réalisées par la simplicité de l'habit actuel des députés français; mais on ne peut se figurer rien d'aussi déplorablement burlesque que ses disparates, à une époque encore récente, où on voyait dans un cirque une réunion de figures surchargées d'or, de dentelles et de broderies qui semblaient annoncer aux yeux le faisceau de la plus puissante aristocratie; qui faisaient supposer dans les cours du palais de somptueux équipages, dans la capitale de riches hôtels, dans les provinces de superbes châteaux; et qui, au lieu de cela, ne montrant à la sortie que des fiacres ou des galoches, plus loin que des chambres garnies, et pour toutes terres que cent pistoles de gages par mois, réduisaient cette pompeuse représentation à un acte de ce que nous appelons la grande comédie, avec cette différence, au profit de l'Etat, que les acteurs en étaient moins chers que ceux de la comédie française.

Le costume, pour ne pas déchoir, a besoin d'accessoires analogues dans celui qui le porte : la plus légère dérogation le dégrade de noblesse. Il doit donc, là où il est jugé nécessaire, être pris, non dans un vestiaire où, comme en un foyer de théâtre, on prend et quitte un rôle passager; mais chez soi-même, où il soit inhérent à celui qui le porte, le suive dans sa maison, non comme l'attribut de l'acteur, mais comme la propriété du magistrat, et conserve un peu de l'homme public dans l'homme privé, pour que le second respecte le premier; car il vaut mieux être un magistrat dans sa famille qu'un bourgeois sur les bancs.

Nous avons dit *un magistrat*; et en effet, en supposant le costume utile dans la représentation, si nous avions été chargés de le choisir, nous nous serions probablement efforcés de prendre à cet égard le contre-pied de l'école de Bonaparte, et nous y aurions été conduits par deux raisons qui nous semblent également plausibles. La première, de briser partout le moule de cet homme dont les moules n'allaient à rien; de les briser au moins dans les formes, alors que tant de gens s'efforcent de les perpétuer dans le fond. La seconde, de revêtir un corps politique et législatif d'un habit analogue à la gravité de ses fonctions, d'un habit de paix, de méditation et de suprême magistrature. Nous aurions présenté aux députés un habit noir, peut-être même un manteau, au lieu d'un habit brodé et d'une épée: nous aurions réservé cette épée aux pairs, qui sont d'institution à la fois guerrière et magistrale; mais nous l'aurions cachée sous le manteau d'hermine, pour leur rappeler qu'ils ne sont pas réunis en armée pour défendre les lois, mais en sénat pour les discuter.

Le costume ample et noir porte d'ailleurs en

lui une sévérité qui le fait respecter ; il répand la gravité dans une assemblée, ralentit les mouvements, et doit naturellement y rendre les discussions moins hostiles que celles qui s'y agitent entre hommes armés et militairement vêtus. C'est la différence de *togati* à *altè cincti*. Cela semble pueril et n'en est que plus humain, ou, pour mieux dire, cela n'est point puéril, et c'est une fausse raison que celle qui confond les petites choses avec les choses frivoles, sans tenir compte de l'influence qu'elles ont sur les grandes. Le costume des anciens conseillers au parlement nous a toujours semblé, dans ce genre, merveilleusement assorti aux idées qu'il devait réveiller, par la combinaison du noir, qui inspire le recueillement avec l'écarlate dont l'éclat porte à l'admiration. Ce costume peignait et peignait juste : il représentait à l'esprit l'union de la force avec la sagesse et de la puissance avec le conseil. Les cheveux pendants y ajoutaient un caractère d'ampleur et de majesté que ne peuvent offrir ni les bourses ni les queues, et encore moins les têtes rondes.

Pour se bien représenter l'empire que peuvent exercer les formes par le seul sens de la vue, qu'on nous permette ici une supposition.

Nous sommes étrangers, et, en visitant les monuments d'une capitale, nous nous trouvons conduits dans une salle immense, antique, et où chaque objet rappelle plusieurs siècles. Ses hauts plafonds sont peints, sculptés et rehaussés d'or. Ses vastes portiques sont cintrés en ogive. Sur ses panneaux à perte de vue, s'étale une tenture de velours violet, parsemée de fleurs de lis d'or. Dans le pourtour règnent, en forme de stales, des sièges de chêne bruni par les ans : des tables et des pupitres sont devant. Au fond paraît sous un dais le portrait du monarque en habits royaux : à l'autre extrémité s'élève le signe de notre rédemption. Il n'y a rien là de Rome ni d'Athènes; tout est du pays et d'autrefois; non pas brillant de grâces et de proportions, mais beau de stabilité, de constance et de durée.

Nous entrons, et, dès l'abord, je ne sais quel frémissement respectueux nous saisit à l'aspect de ce lieu, où rien n'est contemporain et où tout se montre empreint du sceau de l'histoire. Si ce ne sont pas nos aïeux qui siègent sur ces bancs séculaires, sans doute ce sont des hommes qui leur ressemblent. Mais les portes s'ouvrent : ces hommes paraissent; ils entrent à pas lents, précédés d'huissiers, vêtus de vastes manteaux, portant de longs cheveux flottants. S'ils ne sont pas tous vieillards, tous en affectent les formes; et au milieu de cette gothique enceinte, ils paraissent vieux et solides comme elle.

Nous n'avons point assisté à leurs délibérations; mais cette apparence solennelle nous dit qu'ils vont présider à de hautes destinées: disons plus, elle y joint un préjugé de confiance. Quelque chose nous porte à croire que ces hommes pèseront religieusement, parleront peu, discuteront sans bruit, et opineront sans passions. Si nous pensons ainsi d'eux, il est naturel de croire qu'ils en pensent de même; qu'ils se pénètrent comme nous de ce qu'ils doivent à l'appareil qui nous frappe, et qu'ils ont à cœur de faire passer jusqu'aux ames ce respect enfanté par la vue.

Maintenant nous métamorphoserons ces mêmes hommes, et nous allons les offrir à vos regards, ayant tondu leurs cheveux, quitté leurs robes, et en frac, en bottes et en armes, assemblés, groupés, pêle-mêle, debout, assis, allant, venant, et dans un mouvement perpétuel, dans un amphithéâtre élégant, romain, grec, étrusque même, et pourtant neuf et moderne.

Voilà l'assemblée complète; les formes seules sont changées. Entrez, voyez, et comparons notre impression d'hier à celle d'aujourd'hui. Sont ce bien les mêmes hommes?

Ici nous nous croyons obligés, pour nous conformer à la mesure de certains esprits, de déclarer que ceci est une de ces suppositions, un de ces jeux d'imagination dont la tactique est de frapper d'abord aux extrêmes pour parler aux yeux, et démontrer net et clairement, en laissant le champ des gradations ouvert aux bons esprits. Nous le disons, de peur qu'il ne s'en trouve d'assez méthodiques pour ériger une peinture en système, et publier que nous proposons à une chambre des communes d'adopter les cheveux flottants, la soutane et le bonnet carré. Certes, si ce costume existait, nous ne voudrions pas le changer pour le frac; mais il n'en résulte pas que nous proposions de changer le frac pour lui.

CHAPITRE XII.

Du devoir et du but de la représentation.

Si nous supposons la représentation dans un système régulier, ses devoirs seront faciles et son but certain; car il n'y aura qu'un mode reconnu de servir et de diriger l'Etat, là où il n'y aura dans l'Etat qu'un mode uniforme de penser.

Un pareil texte offrirait beaucoup de bonnes et vieilles choses à dire; mais, par malheur, les hommes ont coutume d'appeler *usé* ce qui est vieux, et *inutile* ce qui est usé, appliquant ainsi les calculs étroits de l'ordre physique à l'infini de l'ordre moral.

Nous fuirons donc l'ennui solide de redire des vérités connues, et nous poserons une thèse plus nouvelle en nous demandant quel est le devoir et le but de la représentation dans un pays tout renouvelé, récemment agité, encore ému, et où, pour la première fois après un quart de siècle, la nation peut se dire légitimement représentée.

Ce devoir et ce but seront, en thèse générale, de rétablir cette nation dans la situation, les mœurs et les lois qui lui conviennent. C'est une œuvre immense; et avant d'en mesurer l'étendue, il faut jeter un coup-d'œil sur les obstacles qui l'entourent.

Il s'agit de bâtir, et on ne trouve ni fondements ni matériaux.

En effet, supposer que le trône s'est écroulé, que la noblesse a péri, que le clergé s'est éteint, que la magistrature est détruite, que les grandes propriétés sont morcelées, que les corporations sont dissoutes : ce n'est que peu de chose; c'est l'édifice abattu.

Mais il faut supposer encore qu'avec le trône a péri l'amour de la royauté, avec la noblesse les idées hiérarchiques, avec le clergé les sentiments religieux; enfin, avec chaque chose, les éléments dont elle se compose. Ceci est tout; ce sont les matériaux anéantis.

Ce sont là des difficultés presque insurmontables, et cependant il en est peut-être de moins surmontables encore. Celles-ci sont négatives; elles ne donnent pas, mais elles ne refusent pas. Nous en rencontrerons, par malheur, d'un ordre plus positif.

Comme on ne peut rester sans faits et sans idées, sur la place des faits utiles ont dû s'élever des faits nuisibles; sur la place des idées vraies ont dû naître des idées fausses. Des sentiments chimériques ont servi de fondation à un monument bizarre. Il a trouvé des architectes et il trouve encore des admirateurs.

La question n'est donc pas seulement de reconstruire sans matériaux un bâtiment rasé, mais encore de démolir celui qui lui a succédé.

Et ce n'est pas tout : la question est encore d'opérer cette grande démolition et cette importante reconstruction en présence d'une armée confédérée pour prévenir l'un et l'autre, en présence des mêmes hommes qui ont, de leurs propres mains, abattu et bâti, et qui vous crient : « C'est ici la véritable charpente de » l'Etat, c'est le vrai palais de vos Rois : vos » vieux monuments de la noblesse, du clergé » de la magistrature, étaient lourds et gothi- » ques. Nous voulons des constructions plus lé- » gères. Vous attaquez la maison ; vous attaquez » donc votre Roi qui l'habite.... » Et à cette troupe aguerrie se joint la tourbe irréfléchie de ceux qui, n'aimant que paix et aise, craignent surtout de voir défaire ; de ces gens qui aiment mieux un tyran tout fait qu'un Roi à rétablir, à qui l'ouvrage d'un jour est bon dès qu'il existe, existât-il aux dépens d'un ouvrage de dix siècles ; et qui, dans l'œuvre de *détruire la destruction*, ne voyent rien que l'action de détruire. Cette foule est grande; dans tout pays elle est le peuple (1), et c'est, hélas, l'esprit commun des hommes.

C'est dans cette désertion de tous les secours, dans cette présence de tous les obstacles, que la représentation aura à remplir le devoir et à atteindre le but que nous avons indiqué.

Jetons un coup-d'œil sur ces devoirs et sur ce but.

Une assemblée révolutionnaire qui veut modifier un édifice antique, y fait jouer la mine. La modification est prompte, et son travail rapide érige à la place un monceau de cendres que le vent disperse.

Une assemblée réparatrice est forcée de procéder autrement avec une construction récente et fragile; car elle vient pour bâtir bien plus que pour abattre. Il faut qu'elle opère lentement, pierre à pierre, en substituant partout une ancienne à une nouvelle, et qu'elle veille surtout au choix de ses matériaux: car tel semble bronze ou marbre, qui n'est que plâtre ou argile.

Elle ne regardera donc pas des lois et des

(1) Le peuple *peuple*, et non le peuple *politique*.

constitutions comme des fondations, mais comme le code qui les régularise.

Elle entendra par *fondations*, les puissances matérielles qui doivent composer l'Etat. Elle aura donc à reconstruire des choses et non des lois, et à meubler l'Etat de corps et non d'abstractions.

Elle aura à fortifier la puissance royale contre le peuple, en l'entourant de soutiens positifs et éternels, et non passagers et nominaux.

Elle aura à protéger le peuple contre la puissance royale, en plaçant au-devant de lui une résistance solide par elle-même, et, par un chef-d'œuvre de la nature plus que de la politique, ce rempart du Roi et ce rempart du peuple ne seront qu'une seule et même chose.

Elle aura donc à recréer ce corps, appui du Roi, soutien du peuple, médiateur et barrière entre eux, l'aristocratie, base unique des gouvernements représentatifs.

Et en le recréant, elle aura aussi à ressusciter de leurs cendres les lois conservatrices de ces pouvoirs, qui, sans elles, vivront et mourront comme une génération d'hommes, les substitutions, le droit d'aînesse, les retraits lignagers; enfin les fonctions et attributions qui conviennent à leur existence.

En descendant à des considérations moins élevées, elle aura à recomposer l'administration sur un plan local, moral et économique.

Elle aura à opter, de régler la magistrature sur les bases simples et parcimonieuses de l'Angleterre, ou sur l'éclat dont elle jouissait autrefois en France; surtout elle la préservera du malheur d'être coûteuse sans être honorée.

Elle aura à recomposer partout des unités, des intérêts locaux, concentrés et solidaires, pour économiser l'action du gouvernement, et le dispenser d'agir directement sur l'individu qui ne lui présente pas de garantie.

En rétablissant des choses et des faits qui doivent servir de colonnes à l'Etat, elle aura aussi à rétablir des mœurs qui leur servent de colonnes à eux-mêmes, et qu'on peut appeler les bases des bases.

Elle y parviendra, en donnant à la religion l'éclat, l'indépendance et l'influence qui lui sont dus.

En fondant l'éducation publique sur des principes et par des hommes ou des corps religieux.

En faisant intervenir la religion et la morale dans toutes les parties de l'administration qui peuvent l'admettre.

En revisant les lois civiles et criminelles, pour leur imprimer partout un cachet sacré.

Elle aura enfin à abolir tous vestiges de ce qu'on appelle démocratie, ce qui ne s'entend pas de ce pouvoir démocratique qu'on considère comme une des bases du gouvernement représentatif; mais de cet empire populaire, ennemi public ou secret de tous éléments monarchiques; empire qu'un despote méprise et tolère, comme fantôme de liberté laissé à ceux qu'il prive de la liberté réelle, mais dont un monarque légitime ne peut se jouer de même.

Toutes ces choses appellent, non des corrections, mais des changements; non des palliatifs, mais des réformes. Dans un fond vicieux, si vous racommodez au lieu de détruire, vous ne perfectionnez pas la chose, mais le vice; vous ne fortifiez pas le malade, mais le mal. Enfin, elle veillera à chaque pas à ce que ces institutions et ces principes soient en harmonie avec la constitution représentative, ou, pour mieux dire, c'est par ces institutions et ces principes qu'elle affermira cette constitution qui, si parfaite soit-elle, manquerait de solidité si elle manquait de pareilles bases.

En indiquant de tels travaux, nous n'avons

garde de perdre de vue *dans quelles bornes est resserrée la part que la représentation peut prendre à leur accomplissement.* Cette déclaration, de notre part, pourrait même sembler oiseuse à quiconque nous a suivis jusqu'ici, si nous vivions dans un temps d'union ou seulement de division régulière; mais, là où les passions règnent, on condamne les mots sans les entendre. Tout serait expliqué si, au mot de *représentation*, on pouvait substituer ici celui de *parlement*, qui ne peut connaître ni bornes ni obstacles (1).

---

(1) En Angleterre, toute l'idée de puissance infaillible et suprême, qu'on peut se former un degré au-dessous de Dieu, s'applique au parlement. Rien ne lui est censé impossible. Demandez à un publiciste anglais si le parlement peut changer la constitution, et il vous répondra : « Il peut prendre demain » celle de Constantinople; qui l'en empêche? C'est la nation » et le Roi, l'union de tous les pouvoirs : ils peuvent faire d'eux » ce qu'ils veulent, et il n'existe point sur la terre de puis» sance supérieure pour leur défendre de faire une sottise. » Combien en ferait donc une nation qui peut ainsi disposer d'elle-même par procureur, si elle n'avait pas effectivement d'autres bases que son parlement, et des volontés dont il n'est que l'interprète! Mais c'est que, malgré cette infaillibilité *de droit* qu'il serait contradictoire de nier au parlement, il ne peut toucher ni à un mot de la charte, ni à une grande question quelconque sans qu'il y ait appel *de fait* au peuple entier.

Tel est le vaste édifice que la représentation aurait à reconstruire, en mettant la persévérance et le temps à la place de la violence. Tel est l'inventaire des matériaux dont nous connaissons la nature et le nombre, sans connaître la carrière d'où on peut les extraire. Qu'on n'en conclue pas toutefois que, dans la situation donnée de l'État, cet édifice serait impossible à construire; car ce serait dire qu'il est impossible que cet État subsiste: ces propositions sont inséparables, et on regarde à désespérer, quand il faut désespérer de tout un peuple.

Mais là, où la malveillance et la faiblesse voudraient se forger des impossibilités comme un rempart ou une excuse, une ame élevée n'apercevra que des difficultés, grandes sans doute, mais non pas plus que son zèle et son courage, et qui doivent céder, après tout, à l'union des sentiments et à cet intérêt public qui, en dernier résultat, finit toujours par mener la chose publique à son bien, comme l'intérêt personnel conduit l'homme au sien. Il est, n'en doutons pas, il est même dans cette situation des moyens capables d'en surmonter la difficulté.

Nous mettrons au premier rang un mobile qui suffit seul pour compenser tous les obstacles dans un pays où les sentiments monarchiques subsistent encore dans l'absence des principes : la volonté du monarque. La voix du peuple s'y joint, et cette union de l'intention et de la force transporte les montagnes.

Cette union ne peut, en principe, se révoquer en doute; car entre deux assemblées, dont l'une aurait commencé la révolution, et l'autre aurait pour mission de la clore, si la première dut trouver une grande résistance dans le monarque qu'elle détrônait, la seconde doit trouver un grand concours dans le monarque qu'elle restaure.

Nous placerons au second rang ce sentiment de conscience et de conviction intime, cette droiture d'ame qui ne va point sans un peu de roideur de sens et de raison et qu'on n'égare pas parce qu'elle ne connaît qu'une route.

Dans une rotation régulière, dans un État de paix qui ne veut ni violence ni extrêmes, on dévie aisément de cette rectitude invariable ; on quitte le droit chemin de la morale pour se jeter dans les détours de l'intrigue ; on sacrifie un peu de sa conscience d'homme à une espèce de conscience publique, et une condescendance qui mitige les principes sans y déroger, sert mieux l'État quelquefois qu'une loyale et invincible ténacité.

Mais, de même qu'on a été modéré dans des

circonstances moyennes, de même est-on naturellement extrême dans les circonstances extrêmes. Ainsi, là où il ne s'agit plus de la motion régulière de l'Etat, mais de son salut ou de sa perte, les voies intermédiaires disparaissent, les nuances s'effacent; chacun marche tête levée dans sa conviction sans rien sacrifier de sa franchise. Le concert résulte alors, non plus d'un accord conclu, mais de l'unite des grands objets qui ne souffrent point d'opinion moyenne, et vous jettent, sans capitulation, dans les extrêmes du *oui* ou du *non*.

Nous mettrons au troisième rang (et ce mobile mérite en effet d'être compté à part), un ordre de sentiments, non plus élevé, car rien ne peut se dire plus élevé que la droiture, mais plus exalté; de ces sentiments sublimes qui s'élèvent au-dessus de l'homme, et qu'il n'atteint que quand les circonstances l'élèvent lui-même au-dessus de sa portée ordinaire; sentiments qui perdent ou sauvent les Etats, et qui, pour être sans danger dans leur gloire, ont besoin qu'une puissance céleste les enfante et les dirige.

Sans doute ces sentiments doivent animer des hommes qui les premiers auraient, après un long malheur, reçu cette mission superbe de réparer les maux de leur patrie. Hé quelle ame si froide ne se passionnerait à la vue de ces grands intérêts! Quoi, une assemblée révolutionnaire aurait opéré avec enthousiasme la ruine de son pays, et une assemblée réparatrice opérerait sans enthousiasme l'œuvre de sa restauration! Ah! si elle manquait de cet enthousiasme, elle manquerait aussi de l'énergie qu'il excite; elle aurait la rectitude qui conserve et non la virilité qui enfante. La modération, bonne, exclusivement bonne, nous l'avons dit, pour régir l'Etat organisé, est faiblesse pour recréer l'Etat détruit....Misère de l'homme! Que la vertu ne lui suffit pas pour accomplir une œuvre au-dessus de sa force, et qu'il faut que les passions lui soient données du ciel pour l'achever.

Au nombre de ces grands sentiments, nous trouverons: l'oubli de nous-mêmes qui nous dévoue au bien de l'humanité; l'amour du Roi, l'amour de la patrie, sentiments identiques qui rendent tous les sacrifices faciles et les payent au centuple; l'honneur de fournir sans tache une carrière pénible et de triompher d'insurmontables difficultés; la gloire enfin, trop égoïste peut-être pour une si belle cause, la gloire d'attacher son nom à une œuvre mémorable et de parvenir à la postérité chargé du salut d'un peuple.

Si enfin de tels moyens ne suffisaient pas encore à une telle entreprise, il en reste un qui l'emporte sur tous, en ce qu'il est tout entier au-dessus des facultés humaines. La NÉCESSITÉ, puissance inévitable, qui arrange tout malgré nous, sans nous, et qui nous emploie seulement comme les instruments aveugles de ses ouvrages. La nécessité qui n'oblige pas une chose d'être, mais qui l'oblige d'être conforme à sa nature, qui ne souffre pas que les principes marchent sans leurs conséquences, qui n'ordonne pas que l'État vive, mais qui ne permet pas que la monarchie subsiste sans principes monarchiques, la patrie sans mœurs, les mœurs sans religion, la religion sans ministres, les ministres sans fortune et sans dignité, et l'ordre social enfin sans toutes ces choses.

Si donc elle n'a point condamné la patrie, et c'est ce qu'un de ses fils ne peut croire, choisissons de la devancer ou de la suivre.

Marchons devant elle, et nous réussirons sans peine, en recueillant l'honneur d'avoir fait ou semblé faire son ouvrage.

Révoltons-nous contre elle; elle nous traînera à sa suite, et nous ne recueillerons que la honte d'avoir en vain lutté contre sa puissance.

CHAPITRE XIII.

La Représentation française a-t-elle rempli ce devoir et tendu à ce but ?

Si on nous demandait : — La représentation française a-t-elle atteint ce but ? Nous répondrions : — A Dieu ne plaise, car chez les hommes la destruction seule est rapide ; et si une assemblée eût mis à reconstruire aujourd'hui la même vitesse qu'une autre mit jadis à abattre, l'édifice nous semblerait encore moins solide que les ruines.

Mais on nous demande si elle a tendu à ce but, et nous répondons sans hésiter : — Oui : oui, elle y a tendu, avec constance, avec candeur et avec courage ; marchant droit au travers des obstacles, sans détours, sans intrigues et sans autre connivence que l'accord inné des cœurs droits sur les nobles intérêts.

Des hommes nécessairement tout neufs, puisqu'ils étaient intègres, arrivent à représenter une nation dans une des circonstances les plus difficiles, non pas que l'histoire puisse présenter, elle n'en offre point de pareilles, mais que l'imagination puisse créer.

Ils y arrivent sans éducation politique, avec un sens droit, un honneur vierge et une complète ignorance des tribunes; mais confiants dans une ferme conscience, et fortifiés d'idées positives sur les devoirs publics, la morale et la religion.

Dans le même temps existe un ministère imposé par une fausse nécessité, reçu par une douloureuse abnégation, armé d'une ambition insolente, confédéré contre son Roi (1), sous un homme qui, tout couvert des plus détestables crimes, cherchait, non pas à les laver par son repentir, mais à les absoudre par sa puissance. Nouveau directoire, non plus ridicule et dénué d'appuis comme l'ancien, mais qui, s'étant donné les jacobins pour levier et le Souverain pour égide, prétendait être despote au nom de la révolution et inviolable au nom du Roi.

Toutefois, nous devons le dire, ce ministère ligueur n'était point un obstacle pour la représentation : peut-être même eût-elle trouvé un auxiliaire dans l'indignation qu'il avait excitée.

Ce fut, qui le croirait! ce fut au contraire le renvoi de ce ministère, qui devint pour

---

(1) Dans un nom collectif, nous n'hésitons pas à excepter un nom honorable, s'il s'est offert en sacrifice à l'intérêt public.

elle un obstacle, ou qui fut du moins la source de ceux qu'elle éprouva depuis. Expliquons cette proposition qui peut sembler bizarre.

Le ministère de Fouché avait duré jusqu'au moment de la convocation; tout en prédisait la chute; des intrigues, des rapports fallacieux, des émeutes payées, ne pouvaient le soutenir contre le cri de la France. Hélas que de Français l'avaient demandé!.. Si on l'eût laissé mourir quinze jours plus tard, son renvoi devenait un gage d'alliance donné à la représentation, un pacte signé avec elle, et sa chute eût dès l'abord consacré cet axiome important, que le ministère ne peut subsister sans la majorité. Par suite de ce même principe, la représentation, à qui on eût sacrifié un ministère odieux, eût été consultée sur un nouveau ministère. Il serait entré en place avec sa sanction, avoué par elle, imbu de ses sentiments, et possédant sur elle tous les moyens d'influence et de direction : ainsi on eût rencontré tous les gages de paix et d'harmonie, en se conformant aux règles indélébiles du gouvernement représentatif.

Mais quand les malheurs sont des torts, il y a une justice au ciel qui ne permet pas qu'un peuple s'en rachète à si bas prix; et il était dit de ce ministère, qu'après avoir trouvé un mal dans son élévation, on trouverait encore un mal dans sa chute.

Un nouveau ministère fut donc formé avant l'installation des chambres pour signaler son indépendance (1); et bientôt cette indépendance, érigée en système, devint un point d'attaque et un centre de résistance. On sépara deux principes jugés ailleurs inséparables, l'*unité*, qu'on adopta comme utile à la puissance; la *dépendance*, qu'on rejeta comme indigne d'elle : contradiction étrange et que nulle force ministérielle ne pouvait soutenir, mais que la première des forces en France, le respect d'un nom sacré, défendit contre toutes les attaques.

Nous avons vu quels combats attendaient la représentation. Regardons quelles étaient ses armes.

Des sentiments, rien que des sentiments:

---

(1) Il n'est sans doute pas nécessaire d'expliquer ici que par *indépendance*, nous ne pouvons entendre qu'une *prétendue indépendance* de l'influence que la majorité doit exercer sur le ministère; tout ce qui précède a suffisamment expliqué nos idées à cet égard.

mais ce n'est pas si peu que des sentiments, car toute vraie force en émane.

L'opinion des hommes d'un esprit ferme, d'un cœur droit et exempts d'intérêt privé.

L'expérience des siècles et la leçon des publicistes.

Enfin, l'appréciation de ses devoirs et le respect de sa responsabilité.

Sans doute ce sont là des forces, et, quand le cœur est ceint d'un tel rempart, il n'est point d'armes qui puissent le faire capituler.

C'est sous de tels auspices que s'ouvrit cette session mémorable dont nous allons tracer un rapide exposé.

Le Roi, en ouvrant à la chambre des députés son honorable carrière, lui avait dit :

« Faire refleurir la religion, épurer les » mœurs, fonder la liberté sur le respect des » lois, les rendre de plus en plus analogues à » ces grandes vues....... voilà où doivent » tendre tous nos efforts. Je ne me flatte point » que tant de biens puissent être l'ouvrage » d'une session; mais, si à la fin de la présente » législature on s'aperçoit que nous en ayons » approché, nous devrons être satisfaits de nous.

» Je n'y épargnerai rien, et je compte, Mes-
» sieurs, sur votre coopération la plus active. »

Il s'agissait de faire une œuvre digne d'un si noble frontispice, et la représentation n'avait qu'une chose à craindre, c'est que tout son zèle ne suffît pas pour répondre à une telle attente.

Cependant, par un calcul sage à des hommes nouveaux et dans des temps difficiles, elle commença par modérer ce zèle au lieu de s'y abandonner, et par digérer dans le silence des bureaux les grands objets qui devaient l'occuper. Deux mois et demi se passèrent avant que dans l'enceinte de cette chambre, appelée pour restaurer, on eût entendu proférer une parole sur le sort de la religion en France.

Ce fut au bout de ce temps seulement que deux résolutions eurent lieu en faveur du clergé. L'une eut pour objet de l'autoriser à recevoir des donations : elle contenait des restrictions qui semblaient annoncer une justice intimidée devant une philosophie soupçonneuse, restrictions judicieuses sous les Grégoire et les Hildebrand, superflues dans un temps où l'incrédulité, l'avarice et la misère en inventeront assez sans que les lois s'en mêlent. Cette résolution, peut-être trop simplifiée dans la chambre-haute, devint une loi dont le bénéfice fut, à la requête d'un évêque catholique, étendu aux cultes dissidents.

L'autre résolution eut pour but l'amélioration générale du sort du clergé et la suppression des pensions des prêtres mariés, honorable hommage à des principes qui sont trop clairs pour être développés, et qu'il ne faut dire, ni à ceux qui les accueillent, ni à ceux qui les repoussent. Elle signalait les sentiments de la chambre-basse et effaçait un déshonneur national.

Adoptée par la chambre-haute, elle ne fut point convertie en projet de loi, et les prêtres mariés continuèrent à jouir de leurs pensions.

Aussitôt après que la chambre eut donné l'exemple de s'occuper du clergé, le ministère s'empressa de la suivre, et présenta un projet de loi par lequel l'extinction des pensions viagères ecclésiastiques devaient cesser de tourner au profit de l'Etat, en lui faisant ainsi un petit gain d'une immense ruine. Ce soulagement, recueilli goutte à goutte et de perte en perte, devait se monter complet à treize millions. Le bénéfice de l'extinction, fondé d'ailleurs sur un louable principe, était loin de promettre à l'Eglise un soulagement notable ou prochain, et la chambre pensa que dans l'ordre des misères et des besoins, la religion ayant rang la première, il ne suffisait pas de pourvoir à réparer une partie de ses pertes à venir, mais qu'il fallait encore s'assurer les moyens d'amortir sa ruine passée, et de voir enfin la restauration empiéter sur les ruines au lieu de voir les ruines empiéter sur la restauration.

La chambre, pour éviter les résolutions morcelées sur un sujet aussi vaste, n'adopta donc le projet de loi que long-temps après, et dans l'ensemble d'une institution complète qu'elle s'était donné le temps de développer. Il eût été simple et régulier de rejeter le projet de loi présenté, et d'en demander un nouveau, conforme à cette institution. La chambre, par un sentiment de respect et de conciliation, amenda au lieu de rejeter, et préféra une forme modérée à un droit rigoureux. Elle fut blâmée et mal interprêtée.

Par cette espèce de budget religieux, il fut proposé de joindre aux dépenses établies du culte et aux pensions ecclésiastiques, deux charges déjà existantes, le profit des extinctions viagères et enfin la restitution, à une époque déterminée par le Roi, de dix millions de revenus qui restaient en bois du clergé. On n'ajoutait donc que dix millions à ce qui existait déjà réuni au fond d'extinctions que proposait le ministère. Le tout formait cinquante et un millions, et l'Eglise en avait jadis obtenu quatre-vingt d'une assemblée qui voulait la détruire. Ces quatre-vingt millions seraient bien moins aujourd'hui ; et il fut démontré, par des rapports éclairés, que soixante ne feraient qu'entretenir l'Eglise dans une décente pauvreté.

Cette résolution ou ces amendements furent rejetés, et leur rejet a réduit les travaux religieux de cette session à la permission donnée au clergé de recevoir des aumônes par contrat; car ce n'est pas la peine de parler du secours éphémère de cinq millions, qui fut compris au budget ; et, quant à la proposition qui fut faite par un député sur l'éducation religieuse, institution à laquelle tient la destinée de la France, elle n'alla pas même jusqu'à produire une résolution.

Est-ce donc une différence de dix millions qui fit échouer cette loi de justice et d'urgence, et condamner l'Eglise à un an de plus de misère et de décadence ? Ah ! ne nous trompons point. Dans le gouffre actuel, dix millions n'étaient rien : à un riche ruiné, une petite somme est peu de chose. L'obstacle allait plus avant ; il n'était pas d'argent, mais de principes. La chambre, dans un esprit de principes aussi, mais, certes, fort différent, demandait pour l'Eglise des capitaux et non des salaires ; elle demandait le capital de dix millions de revenus en bois, celui de quarante et un millions de revenus en inscriptions. Cinquante et un millions d'intérêt, ou leur capital, sont la même chose en finance ; mais ils diffèrent en morale, autant pour ceux qui voudraient rendre la religion indépendante, propriétaire et honorée, que pour ceux qui voudraient la laisser esclave, gagée et méprisée (1). Hélas ! et quelle propriété, à un corps éternel, que des rentes que les événements détruisent, que le temps déprécie, qui mettent la sauve-garde des Rois sous la tutelle des commis ! Quelle faible amélioration de principes que la conversion d'un salaire en créance, là où le débiteur est plus

(1) Comment donc se trouve-t-il des hommes qui refusent d'être associés, par la postérité, au bienfait des lois religieuses ? Ou, s'il s'en trouve dans le nombre qui préfèrent au joug divin le joug révolutionnaire, comment ne sentent-ils pas qu'ils ne sauraient donner trop de religion au peuple qu'ils veulent résigner à leur empire ?

fort que le créancier ! Quelle dignité future dans un clergé, sans autre propriété qu'une inscription au grand-livre ! Quel esprit juste, fût-il athée, ne confessera pas ces vérités éternelles, et n'avouera pas que cette institution, eût-elle même été sanctionnée, ne devait être regardée que comme un passage inévitable pour arriver dans des temps plus heureux à un titre plus solide (1) ?

---

(1) Burke, qu'il faudrait toujours citer, dit, à ce sujet : « L'Église et l'État sont des idées inséparables dans l'esprit des Anglais. Il y a peu d'exemples où on nomme l'un sans nommer l'autre ; et l'usage, en parlant de l'État, est de dire : *L'Église et l'État*, *Church and state.* C'est par suite de notre attachement à notre Église, que la nation n'a pas cru qu'il fût sage de faire, à l'égard de ce grand intérêt fondamental de tout, ce qu'elle ne ferait pas à l'égard d'une partie séparée, soit militaire, soit civile, c'est-à-dire de n'en assurer le service public que sur le produit incertain de la contribution. Elle va plus loin ; car certainement elle n'aurait jamais souffert, et elle ne souffrira jamais que la dotation fixe de l'Église soit convertie en pensions ; qu'elle dépende de la trésorerie, et qu'elle soit soumise à des délais, à des longueurs, ou peut-être anéantie par des difficultés fiscales, difficultés qui pourraient quelquefois être suscitées par des vues politiques. Le peuple d'Angleterre pense qu'il a des motifs constitutionnels et des motifs religieux, tout-à-la-fois, pour s'opposer à aucun projet qui transformerait son clergé indépendant, en ecclésiastiques pensionnaires de l'État. L'influence d'un clergé qui se-

Mais on ne pouvait alors tenter ni mieux, ni plus que ce qui était très mal et très peu. L'A, B, C de toute nation policée était enfin reconnu en France, et cette vérité avouée ouvrait la porte aux perfectionnements à venir. Faire plus était trop, faire moins n'était rien; et la chambre avait pris le milieu possible et convenable aux circonstances.

Cependant, dès le commencement de la session, le ministère, qui avait laissé prendre l'initiative aux chambres pour les lois de principes, avait mis un sage empressement à l'exercer pour celles de circonstances. En trois jours on avait vu paraître deux projets, l'un *sur les cris séditieux*, l'autre *sur la répression des délits*.

Le premier, qui se présenta comme la première loi de répression, après trois mois d'inquiétudes d'une part et de complots publics de l'autre, fut jugé par une partie de la chambre

---

rait dans la dépendance de la couronne, le ferait trembler pour sa liberté. »

M. Burke ajouterait peut-être, s'il vivait aujourd'hui en France: « Le mépris d'un clergé gagé le ferait trembler pour » la religion, et par conséquent pour la couronne. »

mal digéré, faible contre les coupables et fort contre les infortunés. Elle crut y voir les plaintes d'un malheureux spolié, assimilées aux vociférations d'un rebelle, et trouva dans cette rigueur le pressentiment d'un système qui en était la source. La chambre se sentit blessée d'une défiance qui semblait vouloir la lier au lieu de s'en fier du sacrifice de ses inclinations à son dévouement, à sa raison et à ses serments. Il en résulta une première hésitation dans cette ardeur dévouée avec laquelle elle marchait droit au bien public, en s'efforçant d'y aller de front avec les ministres.

Mais l'union était nécessaire, la loi instante, et elle fut adoptée avec de légers amendements. La seconde le fut telle qu'elle avait été présentée.

Bientôt après une troisième loi, ayant pour objet les justices prévotales, fut présentée par un ministre que sa conduite éprouvée avait rendu cher à la France. La chambre, dont on accusait déjà la rigueur, n'y fit que deux amendements : tous deux furent de modération.

Ainsi le ministère semblait avoir complété le système de répression et affermi la paix de l'intérieur.

Mais on n'affermit que par la confiance. Sans la confiance les lois les plus fortes périssent, parce qu'il n'y a de levier et d'action que par elle. On voyait emprisonner le présent et l'avenir, et on se résignait, sans murmurer, à une captivité nécessaire; mais on ne voyait point juger le passé; ce passé, tout vivant encore, dont le châtiment pouvait seul servir de garantie à l'avenir, et on se disait avec douleur, qu'un prompt et juste exemple eût peut-être épargné bien des rigueurs à ce trio de lois terribles.

Dans cette situation équivoque, la chambre, étonnée d'un tel silence sur des crimes impunis, et dont une partie lui avait été déférée par la volonté du Roi, méditait dans ses bureaux un système de loi générale sur ce grand objet, quand le ministère vint lui en présenter une où une partie des prévenus se trouvait écartée de la liste primitive.

Cette proposition inattendue fit éclater une division, qui, peut-être sans elle, eût couvé long-temps encore. On s'était récrié en voyant dans deux listes, ouvrages de Fouché, des criminels obscurs signalés, et les grands coupables omis, comme lui-même. La chambre, dans la discussion du projet des ministres, après avoir tenté de vains efforts pour revenir sur une telle collusion ; après s'être en vain efforcée de désigner à la justice et à la clémence, non les hommes, mais les crimes, et de frapper, dans leurs fortunes, des coupables dont les victimes demandaient une indemnité, la chambre, dis-je, modérée dans sa plus forte impulsion par la seule intervention d'une parole royale, immola, au respect de cette parole et ses sentimens et sa conviction, et, de tous les sacrifices qui lui furent imposés, ne rejetâ que le pardon des régicides. Ils avaient jugé et assassiné leur Roi : ils furent bannis : on ne toucha point à leurs biens.

Le lendemain d'une loi, où la chambre reprochait peut-être à son respect d'avoir posé des bornes à son dévouement, elle adopta la résolution d'un deuil anniversaire en mémoire de Louis XVI, comme pour donner cette éternelle douleur du crime en réparation de son pardon.

Nous nous arrêterons ici un moment sur cette époque de l'amnistie, parce qu'elle jeta dans la chambre un rayon de lumière qui l'éclaira tout-à-coup et dissipa toutes ses illusions. Jusque-là, des hommes, pleins de bonne foi et de zèle, s'étaient portés sans soupçon vers le bien de la France, et quelques différences dans la marche du ministère ne purent troubler la confiance où ils étaient de faire la même route que lui. La discussion de l'amnistie vint déchirer le voile ; et, pour la première fois, la chambre s'aperçut que la question n'était pas de la représentation au ministère ; mais des royalistes aux révolutionnaires. Pour la première fois, elle entrevit, dans un milieu nébuleux, ces mêmes hommes qui avaient fait marchander au Roi sa couronne, qui s'étaient vantés de l'*appeler* au trône ; ces mêmes hommes qui, sans parler de tant de vieux services, avaient servi Buonaparte, puis le Roi, puis Buonaparte, puis le Roi, de rechef, et toujours l'Etat ; adjugeant leur conscience au dernier enchérisseur ; et exigeant aujourd'hui, pour tarif de leur quatrième fidélité, l'impunité, la puissance, la richesse pour eux, la ruine et l'oubli pour les royalistes ; ces mêmes hommes qui, poursuivis par le fantôme de leur vie, ne voulaient ni croire au pardon et se reposer dans l'impunité, ni s'arrêter dans leur infatigable ambition, s'insinuant pour l'assouvir entre deux pouvoirs amis, le ministère et la majorité, pour se faire une nouvelle puissance aux dépens de l'un et de l'autre, se titrant exclusivement amis du trône sans s'expliquer sur son hérédité, et défenseurs de la monarchie sans nommer les monarques futurs..... ; enfin les JACOBINS, ou leur vieille image grandie par fantasmagorie, et aussi facile qu'elle à faire évanouir pour qui voudrait de bonne foi souffler dessus et cesser de la craindre ; mais qui, dénués de force personnelle, cherchaient à la reprendre par une division qui leur donnât des auxiliaires.

Cette découverte dut nécessairement alarmer la chambre et lui suggérer de fâcheuses réflexions. Elle lui montra, comme dans un miroir prophétique, le sort futur de ses discussions. De son côté, toute démarche contraire aux principes de la révolution, toute tentative favorable à ceux de la restauration considérées, si faibles, si éloignées fussent-elles, comme des complots contre une faction inviolable. De l'autre côté, les propositions, les réponses, les réflexions faites dans un esprit de sauve-garde soupçonneuse pour ce parti ou d'oppression pour l'autre, enfin tout dirigé ou interprêté dans un sens contraire à l'harmonie d'où dépendait le rétablissement de l'État.

Ainsi fut constatée et la division et la nature des partis divisés. La chambre fut excusable, sans doute, d'être restée jusqu'à ce jour dans sa bonne foi ; car, après une seconde restauration, il était difficile à des ames honnêtes, disons même seulement raisonnables, de supposer aux anciens agitateurs le moindre vestige d'influence. En reconnaissant son erreur, elle sentit la nécessité de repousser l'ennemi qui se glissait entre elle et le ministère, et de lui opposer une phalange impénétrable. De-là le premier noyau de cette majorité opposante à regret, encore incertaine, et que même alors (tel était le respect, l'inexpérience, l'amour de la paix) le ministre le moins habile eût pu, à son gré, arrêter, modérer, diriger; que dis-je, retenir peut-être en-deçà même du point où elle est parvenue, si, au lieu de chercher contre elle une force étrangère, il l'eût tirée d'elle-même, de son dévouement contre sa raison, de son obéissance implicite contre ses principes démontrés, de sa confiance enfin contre son devoir. Oui, nous osons l'affirmer : une explication franche, une exposition nette et claire de principes nécessairement communs au Roi et à la représentation, le développement sommaire d'un plan (si différé fût-il) qui en promit l'application; et sur le tout, un mot de volonté conciliante donné au nom de ce monarque dont on faisait si souvent intervenir le nom comme une barrière.... Cela eût suffi, et la chambre, donnant tout à la confiance, n'aurait pas disputé un moment le temps, les formes et les modifications, là où une déclaration sacrée lui aurait répondu des principes et de leur application future.

Au lieu de cela, un ministère et une chambre, indispensablement animés des mêmes vues, laissèrent intervenir entre eux, comme un coin perfide, l'esprit jacobin qui y répandit à loisir l'opposition, le reproche, l'orgueil, l'entêtement, la calomnie, le sarcasme, tout ce qui compose son vieil et terrible arsenal, et cette irruption sépara tous les jours davantage deux pouvoirs qui devaient et pouvaient être indissolublement unis.

Deux résolutions morales relatives, l'une à la législation, l'autre à la magistrature, vinrent alors occuper les délibérations.

La première avait pour but d'abolir le divorce, et il le fut : juste hommage rendu à la plume éloquente qui l'avait jadis combattu.

L'objet de la seconde était de réduire cette ruineuse armée de tribunaux qui fait, par des milliers de têtes, ce que douze juges font en

Angleterre ; et en même temps de suspendre d'un an l'institution de tous les magistrats de France qu'un seul homme devait, par un travail possible à Dieu seul, connaître, juger, nommer et instituer, ensemble, de suite et au milieu d'une tempête. L'esprit de cette résolution était simple et palpable : elle fut rejetée par la chambre-haute (1).

Une loi importante fut ensuite présentée par le ministère, ce fut celle des élections. Cette loi, amendée par la chambre-basse, rejetée par la chambre-haute, représentée sous une forme plus simple, amendée de nouveau et enfin refusée, occupa péniblement une grande partie de la session sans autre résultat que de consolider la majorité en accroissant la division. Là, sous la forme apparente d'un réglement de corps électoraux, le point interminable et interminé de la dispute, fut le renouvellement intégral ou fractionnaire de la chambre des députés. Les uns virent dans le renouvellement intégral la permanence d'une majorité qu'ils aimaient comme le rempart des sentiments royalistes et le frein des idées ré-

(1) Nous regrettons de ne pouvoir citer ici l'opinion qu'émit à ce sujet M. le comte de Choiseul Gouffier, et où le style le plus brillant se joint aux idées les plus solides.

volutionnaires ; les autres virent dans la réélection partielle l'affaiblissement d'une puissance qu'ils craignaient comme amie de toutes les légitimités et combattant, contre un règne de vingt-cinq ans, pour une monarchie éternelle et une dynastie de huit siècles.

La conséquence, la légalité, les droits devinrent dès lors des considérations subsidiaires, et la dispute fut toute de politique dans la forme et de principes dans le fond. Il en résulta des contradictions inexplicables pour quiconque ne pouvait pénétrer au centre de la question. On vit les partisans des idées libérales abonder en dogmes absolus, en principes exclusifs des pouvoirs locaux, des assemblées provinciales, des mandats, de tout ce qui peut donner des cautions, créer des résistances et garantir la liberté publique, transfuges de leurs propres systèmes, de peur qu'ils ne profitassent à la majorité. On vit, d'un autre côté, les confesseurs de la foi monarchique, au lieu de concentrer le droit d'élection pour jeter les fondements d'une aristocratie, l'éparpiller à la foule, désertant leurs propres sentiments dans le but de dérober les élections à l'influence du ministère présent, et de les soumettre, comme en Angleterre, au patronage des grands propriétaires : erreur doublement remarquable, d'une part, en ce que les propriétaires, dénués de droits et de fortunes, n'exercent depuis longtemps aucun patronage en France; et de l'autre, en ce qu'un ministère influe plus aisément sur cent contribuables à cinquante francs, que sur un seul à deux mille cinq cent.

Enfin une mauvaise loi fut présentée et une mauvaise correction fut proposée, par la raison que, même en mettant à part les intérêts de fond qui dérangèrent la forme, on ne peut bien instituer une matière dont on n'a ni ne veut avoir les éléments. L'aristocratie est le ciment général en Angleterre : elle affermit une bonne constitution ; elle en affermirait une mauvaise, et tout subsisterait sur la solide base du sol. En France, au contraire, où tout positif est perdu, on se repaît d'abstractions, on se forge des bases métaphoriques, et on prend un contrat pour de la terre.

Une seconde tentative laissa de nouveau la question indécise, et le ministère aima mieux rester sans moyens constitutionnels de réélire, que d'admettre le principe du renouvellement intégral.

Nous terminerons cet examen de la session par une loi qui occupa la chambre pendant quatre mois; loi peut-être moins importante en elle-même que la moindre loi élémentaire, et toutefois la clé de tout dans le gouvernement représentatif, l'épreuve et l'effroi des ministres, et le rempart de la représentation, qui peut trouver dans son rejet le titre de sa puissance, ou dans sa discussion l'obstacle des lois qu'on lui propose, et le moyen de celles qu'elle demande. Nous voulons parler du budget ou loi des finances.

Ici l'observateur, accoutumé pendant longtemps à voir un corps muet lire et enregistrer les budgets impériaux, s'arrête étonné en voyant pour la première fois un budget discuté en France. En regardant de part et d'autre quels sont les hommes par qui il va l'être, il suppose, d'un côté, que cette loi difficile sera présentée par des administrateurs exercés, non pas seulement à la partie matérielle des finances, recevoir, payer et compter, mais encore à leur partie morale, établir l'impôt, ménager le crédit, tirer le revenu sans léser le capital, et procurer le plus grand produit avec la moindre vexation. Il s'imagine, d'un autre côté, que cette loi sera reçue et discutée par des hommes intègres, mais incapables de juger et moins encore de diriger les spéculations de la haute finance.

Cet observateur se serait trompé, au moins sur le dernier point. Des propriétaires, des administrateurs de leur propre fortune, quand ils sont à la fois probes, éclairés et bien intentionnés, titres dont leur élection suffit pour faire foi, sont plus particulièrement appelés que des faiseurs de chiffres à juger sainement des lois sur les finances. Leur ignorance est précisément celle de Sully entrant au ministère. Est-il nécessaire d'ajouter qu'à coup sûr ils sont seuls légitimement appelés à juger de la moralité de ces lois, de leur application locale, et surtout de cette partie des lois fiscales, dont trop souvent les ministres ne s'occupent que pour la combattre, les adoucissements et les exceptions.

C'est ce que témoigna hautement la discussion du budget, qui fut à peu près refait par la chambre des députés : elle n'aspirait ni ne réussit à faire un bon ouvrage; mais elle préféra l'emprunt, même à huit pour cent, à la ruine de l'agriculture, qui est un emprunt à cent pour cent; elle rétablit le principe des fonds spéciaux et des dépenses locales; elle sauva du gouffre le débris du bien des communes; elle conserva les bois du clergé et les propriétés de l'Etat. Ces quatre titres consacreraient son œuvre à la postérité, quand même ils n'auraient pas eu pour elle la gloire et les fatigues d'une conquête.

Aucun projet ne fut présenté par le ministère sur les administrations, la magistrature, les corporations, l'éducation et le sort des émigrés.

Tel est donc l'état des lois de quelqne importance qui ont résulté de cette session.

La faculté accordée au clergé d'accepter des donations.

Quatre lois de police et de sûreté publique, dont la dernière comprit l'exil des régicides.

Le deuil anniversaire de Louis XVI.

L'abolition du divorce.

La loi des finances.

Dans cinquante ans d'ici ce serait peut-être trop pour une session de sept mois ; mais aujourd'hui, où tout dans les grandes choses est devenu négatif ou inverse, on peut dire que ce ne fut pas assez. La situation de la France exigeait tout au moins une loi de principe, telle que le fut celle du divorce, sur chacun des grands intérêts de l'État. Il ne s'agissait pas de tout défaire, de tout refaire, de tout instituer, de tout destituer, de s'embarquer dans des mers de créations positives et organiques, mais seulement d'indiquer les grandes divisions dans la sphère de la constitution, d'arrêter les points fondamentaux, enfin de différer le traité et de signer les préliminaires.

Mais si cette chambre n'a pas toujours été assez heureuse ou assez unie pour élever, dans sa première session, ce grand monument de principes consacrés, qui devint pour l'avenir comme les archives morales de la France.

Si elle n'a pu enfermer l'État dans le cercle de Popilius, et lui dire : « Tu n'en sortiras » pas que tu n'ayes reconnu toutes les vérités » qu'il contient. »

Si elle n'a pu faire ce que tout esprit sage osait attendre d'elle, borner les lois positives à un petit nombre d'urgentes, et s'en tenir sur chacune des grandes bases de la morale et de la politique, à des lois élémentaires, qui fussent en quelque sorte les lois des lois, et devinssent le code des sessions suivantes et le gage de leur accord avec le ministère.

Si, abusée par sa loyauté, elle a quelquefois nui à sa force par trop d'attachement à sa conscience, et à sa dignité par trop de franchise dans ses sentiments.

Si enfin, embarassée dans sa marche, contrainte entre ses inclinations et ses devoirs, elle n'a pu aller d'un pas ferme vers le but que le Roi lui avait montré ; et si ceux qui la jugeront à distance de temps et de lieux, calculant mieux ses moyens que ses obstacles, penseront peut-être qu'elle eût pu répondre davantage à ces conceptions d'une paternité suprême qui planait sur les grands intérêts de l'État, et l'appelait à y planer à sa suite.

Du moins nul reproche ne put atteindre ses principes et ses intentions. La plus mortelle injure de ses détracteurs ne put aller qu'à la taxer d'exagération dans la vertu : on ne put sans doute en inventer d'autre. La France, affaissée sous vingt-cinq ans de vice et d'esclavage, vit naître de son sein une génération d'hommes vertueux, et elle tressaillit de joie de se voir encore si féconde. Ils révélèrent à l'Europe quels trésors d'honneur s'étaient sauvés de la révolution ; et, quittant ces retraites où ils avaient gardé en dépôt le type de la vieille monarchie, ils firent revoir autour du trône une France courageuse et fidèle.

En terminant cet ouvrage, nous nous sentons frappés d'une réflexion qui n'est pas neuve; mais qui reçoit une nouvelle valeur des temps où nous avons vécu, et qui répandrait plus d'équité dans les jugements des hommes, si, au lieu d'être reçue comme une vieille maxime, elle était méditée comme une vérité nouvelle.

Tout homme qui a un esprit et une ame, ce que tous n'ont pas, se sent double entre ses principes qui le fixent et ses sentiments qui l'entraînent; et qu'on ne pense pas que, même pour un esprit ferme, la victoire n'y soit jamais indécise; car parmi les sentiments, il en est de nobles, il en est de justes, quoiqu'exaltés, et qui se fondent eux-mêmes sur des principes: alors la lutte est réellement entre deux principes: on peut y rester en balance, et il faut une forte conscience pour se décider, comme le devoir l'exige trop souvent, pour le principe vertueux qui afflige contre le principe honorable qui attire.

C'est ce qu'on a vu arriver dans le cours des discussions aux membres de la chambre des députés.

C'est ce qui arrivera à tout homme qui, dévoué par le cœur au sang de ses Rois, entreprendra d'écrire sur les intérêts de la monarchie.

Si, d'une part, laissant courir sa pensée familière, il reporte sa mémoire au temps glorieux de Louis XIV, aux jours fortunés de Louis XV, au règne vertueux de Louis XVI; s'il rappelle ses jeunes années, ses premiers attachements, et cette vie si douce, et cette liberté si paisible qui florissaient alors sous un sceptre de père ; si ces souvenirs, changés en regrets, l'ont suivi dans sa retraite ; s'il les vit avec transport redevenir des espérances ; et si, plein de tout ce qui lui fut cher, il ne peut voir une race adorée, l'entendre, en ouïr parler sans qu'une émotion toute française vienne trahir son vieil amour.... alors il laissera les raisonnements ; il s'imputera ses réflexions à révolte ; et, sans entreprendre de discuter ce qu'il aime, il se reposera de sa conscience sur un arbitre qu'il révère, et s'engagera de cœur et de foi à la pensée qui descend du trône.

Mais, d'un autre côté, s'il considère l'importance des principes monarchiques, la France, frappée d'anathême pour les avoir minés pendant un siècle et détruits depuis vingt-cinq années, la religion éteinte et l'immoralité publique toute prête à faire un néant où il restait des ruines ; s'il considère que cette race qu'il aime remonte plus haut que Louis XIV, qu'elle a donné au monde le spectacle inouï de huit siècles de vertus et de gloire, et qu'il ne s'agit pas seulement de jouir en pères égoïstes d'un règne heureux et tranquille, mais de transmettre à ses fils un si magnifique héritage.... alors son dévouement même pour ses Rois l'élève d'un amour viager à une fidélité éternelle; il écarte son impression naturelle, et pesant avec un calcul rigoureux ce que l'inflexible devoir lui impose, il écrit la vérité et se réfugie, contre les clameurs du siècle, à l'ombre de cette conscience dont le triomphe suffit contre tous les triomphes de la terre.

FIN.

TABLE DES MATIÈRES.

TABLE DES CHAPITRES.	ANALYSE DES CHAPITRES.	Pages.
CHAPITRE Ier. *En quels cas le système représentatif convient à la monarchie.*	Il y a deux manières d'envisager la société, 1°. Le gouvernant et les gouvernés; 2°. la monarchie, l'aristocratie et la démocratie. La seconde n'est que subsidiaire à la première, qui est la seule importante.	15
	Nous poserons donc pour base le Souverain et le peuple. Ensuite nous diviserons le peuple en deux parts, l'aristocratie et la démocratie, qui ne feront, dans la représentation, qu'un tout où dominera la première. Ainsi point de balance ni d'égalité entre elles.	16
	Cela est ainsi réglé en Angleterre, où le Souverain *un* est d'un côté, et le peuple *partagé* de l'autre. Il n'en résulte pas non plus de balance entre eux; car il y a en Angleterre un maître absolu, la nation, autrement dit, l'aristocratie.	17
	L'aristocratie est donc la puissance suprême dans le seul gouvernement représentatif éprouvé.	20
	Que serait maintenant la représentation là où il n'y aurait pas d'aristocratie? Rien.	*Id.*
	Ce système, dans un tel cas, ne conviendra donc qu'au despotisme, car le despotisme ayant le double inconvénient d'être haï et d'être diffi-	

Pages.

SUITE DU CHAP. V.

Pages.

SUITE DU CHAP. XIII.

FIN DE LA TABLE.

www.ingramcontent.com/pod-product-compliance
Ingram Content Group UK Ltd.
Pitfield, Milton Keynes, MK11 3LW, UK
UKHW020443200726
13857UKWH00002B/554